沥青路面泡沫沥青冷再生关键技术

马 涛 陈思宇 李秀君 著

东南大学出版社
SOUTHEAST UNIVERSITY PRESS
·南京·

内容提要

本书基于泡沫沥青冷再生技术的发展现状与技术原理,重点阐述了泡沫沥青冷再生技术在沥青路面养护维修中的应用。本书内容包括泡沫沥青性能、泡沫沥青混合料特点、混合料设计与评价、应用实践分析等。

本书可供从事道路工程的科研、养护、施工与建设管理技术人员参考,也可作为高等院校、科研机构相关专业技术人员、教师、研究生的学习用书。

图书在版编目(CIP)数据

沥青路面泡沫沥青冷再生关键技术 / 马涛,陈思宇,李秀君著. — 南京:东南大学出版社,2022.11
 ISBN 978-7-5766-0300-2

Ⅰ.①沥… Ⅱ.①马…②陈…③李… Ⅲ.①沥青路面—再生路面—路面施工—技术 Ⅳ.①U416.217

中国版本图书馆 CIP 数据核字(2022)第 206275 号

责任编辑:丁 丁　　责任校对:韩小亮　　封面设计:毕 真　　责任印制:周荣虎

沥青路面泡沫沥青冷再生关键技术
Liqing Lumian Paomo Liqing Lengzaisheng Guanjian Jishu

著　　者	马　涛　陈思宇　李秀君
出版发行	东南大学出版社
社　　址	南京市四牌楼 2 号　邮编:210096　电话:025-83793330
网　　址	http://www.seupress.com
电子邮箱	press@seupress.com
经　　销	全国各地新华书店
印　　刷	江苏凤凰数码印务有限公司
开　　本	787mm×1092mm　1/16
印　　张	12.25
字　　数	282 千字
版　　次	2022 年 11 月第 1 版
印　　次	2022 年 11 月第 1 次印刷
书　　号	ISBN 978-7-5766-0300-2
定　　价	68.00 元

本社图书若有印装质量问题,请直接与营销部联系,电话:025-83791830。

前言
PREFACE

随着交通强国战略的部署实施,近年来我国公路的总里程、路网的密度以稳定的速率逐渐增加,加之早期修建的公路也逐步进入了设计寿命的末期,在新建公路和旧路维修养护的双重需求下,我国道路工程的规模依旧庞大,其能源与材料的巨量消耗成了工程建设绿色发展的主要难题。冷再生技术是一种在常温下实现对旧路结构再利用的养护技术,它的出现改变了传统沥青混合料的高温拌和条件,大大降低了道路建设过程中的能源消耗,也很好地解决了旧路废弃料的再利用处理问题,为道路工程的主要养护手段之一。冷再生技术是实现道路基础设施绿色升级、道路建设工程"碳达峰""碳中和"等目标的有效途径。因此,本书将以泡沫沥青冷再生技术为对象,从其原材料性质、混合料特点、设计与生产工艺、应用实践情况几大角度出发,剖析泡沫沥青冷再生方法的技术原理,介绍相关研究的最新进展,结合国内外工程实践案例总结其关键的应用技术问题,为不同阶段的研究者提供技术参考。

本书由七个章节组成:第一章绪论部分将对现有冷再生技术的发展和国内外冷再生技术规范进行详细的介绍和对比,总结其中的关键技术问题,初步形成全书的逻辑框架;在此基础上,第二、三章将首先介绍泡沫沥青混合料的原材料性质,其中第二章将主要介绍泡沫沥青的原理、材料性能特点及其制备工艺;第四章介绍回收旧料作用原理,包括旧料老化性能特点、性能的评价及相应的处理工艺;第五章将从材料组成原理的角度介绍泡沫沥青冷再生混合料的性能特点及其配合比设计方法;第六章将重点阐述泡沫沥青的厂拌冷再生和就地冷再生两种工艺技术;最后,本书的第七章将分析泡沫沥青冷再生技术在国内、国外的经典工程实践案例与经验,总结工程实践中的常见问题。在编写过程中参考了课题组多位博士和硕士的研究成果,引用了维特根公司的部分产品图用于相关技术的介绍。

本书得到国家自然科学基金优秀青年科学基金项目(51922030)、国家自然科学基金面上项目(51878164)的资助。

同时要感谢拾方治博士、顾临皓博士、张靖霖博士、刘西胤博士、王大林博士、张天友硕士、张永和硕士等为本书所做的贡献。在本书编写过程中得到了诸多研究人员和单位的大力支持和帮助，在此表示衷心的感谢。

限于作者水平，书中难免存在疏漏和不妥之处，敬请读者批评指正。

作者
2022年于南京

目录

术语和缩略词 ········· 001
术语表 ········· 001
缩略词表 ········· 002

第一章　绪论 ········· 003
1.1　冷再生技术发展 ········· 003
1.2　我国冷再生技术规范 ········· 008
1.3　国外冷再生技术规范 ········· 008
1.3.1　AASHTO MP38 泡沫沥青冷再生混合料设计流程 ········· 009
1.3.2　美国明尼苏达州冷再生施工技术规范 ········· 010

第二章　泡沫沥青的发泡原理与评价指标 ········· 016
2.1　泡沫沥青的发泡原理 ········· 016
2.2　泡沫沥青的评价指标 ········· 018
2.2.1　膨胀率和半衰期 ········· 018
2.2.2　泡沫衰减和发泡指数 ········· 020
2.2.3　泡沫沥青黏度 ········· 022
2.3　最佳泡沫沥青量的确定方法 ········· 022
2.4　沥青发泡性能的影响因素 ········· 025
2.5　泡沫沥青的发泡工艺 ········· 025
2.6　本章小结 ········· 030

第三章　泡沫沥青最佳发泡条件研究 ········· 031
3.1　可储存式沥青发泡设备 ········· 031
3.1.1　设备构成 ········· 031
3.1.2　泡沫沥青加工流程 ········· 032

    3.1.3 工艺优势 ·· 033
  3.2 非接触式激光测距装置 ··· 034
  3.3 基质沥青、SBS 改性沥青、橡胶改性沥青最佳发泡条件的确定 ············ 035
    3.3.1 初步试验和发泡条件范围的拟定 ·· 035
    3.3.2 系统试验和最佳发泡条件的确定 ·· 038
    3.3.3 膨胀率衰减曲线 ··· 044
  3.4 抗车辙改性沥青、高黏改性沥青最佳发泡条件的确定 ······················· 050
    3.4.1 抗车辙剂的选取 ··· 050
    3.4.2 基于黏度确定改性沥青最佳发泡温度的方法 ······························ 055
    3.4.3 最佳发泡条件的确定 ·· 056
  3.5 本章小结 ·· 060

第四章 回收旧料作用原理 ··· 062
  4.1 沥青老化机理 ·· 062
  4.2 回收旧料的性能评价 ·· 064
    4.2.1 回收旧料的湿度含量 ·· 065
    4.2.2 回收旧料中沥青的性能 ·· 065
    4.2.3 回收旧料中沥青的含量 ·· 065
    4.2.4 回收旧料的来源 ··· 065
    4.2.5 回收旧料的级配 ··· 066
  4.3 回收旧料的处理工艺 ·· 066
    4.3.1 处理铣刨料 ·· 066
    4.3.2 筛选回收旧料 ·· 067
    4.3.3 回收旧料破碎 ·· 067
    4.3.4 旧料分级 ··· 067
    4.3.5 旧料处理方法的优劣比较 ·· 067

第五章 泡沫沥青冷再生混合料配合比设计 ······································· 069
  5.1 泡沫沥青冷再生混合料组成原理 ··· 069
  5.2 泡沫沥青冷再生混合料配合比设计 ·· 070
    5.2.1 材料准备与相关测试 ·· 071
    5.2.2 拌和与压实 ·· 073
    5.2.3 室内养护 ··· 075
    5.2.4 体积参数和强度试验 ·· 077
    5.2.5 确定最佳泡沫沥青含量和总含水量 ·· 078

5.3 泡沫沥青冷再生混合料配合比设计方法 … 079
5.3.1 《公路沥青路面再生技术规范》(JTG/T 5521—2019) … 079
5.3.2 美国 AASHTO MP38 泡沫沥青冷再生混合料的级配设计 … 084
5.3.3 Wirtgen GmbH 设计法(2012年) … 086
5.3.4 南非沥青协会设计法(2009年) … 088
5.3.5 美国 Iowa 交通厅设计法(2007年) … 090

5.4 泡沫沥青冷再生混合料设计案例 … 092
5.4.1 沥青最佳发泡条件 … 092
5.4.2 混合料级配 … 093
5.4.3 最佳含水量 … 096
5.4.4 最佳沥青含量 … 100
5.4.5 最佳水泥用量 … 101
5.4.6 混合料设计结果分析 … 104

5.5 泡沫沥青冷再生混合料性能 … 105
5.5.1 回弹模量和动态模量 … 105
5.5.2 永久变形性能 … 106
5.5.3 抗裂性能 … 107
5.5.4 劈裂强度 … 108
5.5.5 其他 … 109

第六章　泡沫沥青冷再生工艺 … 110
6.1 泡沫沥青冷再生工艺装备 … 110
6.2 泡沫沥青就地冷再生施工工艺及设备 … 111
6.2.1 工艺原理 … 112
6.2.2 适用范围 … 113
6.2.3 主要施工设备 … 114
6.2.4 病害调查 … 115
6.2.5 试验路段 … 116
6.2.6 新集料的添加 … 116
6.2.7 水泥的添加 … 116
6.2.8 再生机作业 … 117
6.2.9 施工作业段及长度 … 117
6.2.10 整平 … 117
6.2.11 碾压 … 118
6.2.12 接缝 … 118

6.2.13　养生 ····· 119
　　6.2.14　开放交通 ····· 119
6.3　泡沫沥青厂拌冷再生施工工艺及设备 ····· 119
　　6.3.1　工艺原理 ····· 119
　　6.3.2　适用范围 ····· 120
　　6.3.3　主要施工设备 ····· 121
　　6.3.4　场地选择与布置 ····· 123
　　6.3.5　材料 ····· 124
　　6.3.6　原路面的铣刨 ····· 124
　　6.3.7　下承层 ····· 125
　　6.3.8　试验路段 ····· 125
　　6.3.9　拌制 ····· 125
　　6.3.10　运输 ····· 126
　　6.3.11　摊铺 ····· 126
　　6.3.12　碾压 ····· 126
　　6.3.13　接缝 ····· 127
　　6.3.14　养生 ····· 127
　　6.3.15　开放交通 ····· 127
6.4　泡沫沥青厂拌冷再生施工工艺(S340赵庄至后阳段干线公路) ····· 127
　　6.4.1　厂拌冷再生施工设备 ····· 128
　　6.4.2　厂拌冷再生施工控制要求 ····· 128
　　6.4.3　厂拌冷再生施工方案 ····· 130
　　6.4.4　厂拌冷再生施工检验及验收 ····· 134
6.5　泡沫沥青就地冷再生与厂拌冷再生施工工艺比较 ····· 138

第七章　泡沫沥青冷再生工程应用 ····· 140

7.1　泡沫沥青就地冷再生工程应用 ····· 140
　　7.1.1　项目概况 ····· 140
　　7.1.2　原材料分析及试验 ····· 140
　　7.1.3　泡沫沥青就地冷再生混合料配合比设计 ····· 142
　　7.1.4　高性能泡沫沥青就地冷再生施工 ····· 150
　　7.1.5　施工质量控制和检查验收 ····· 158
　　7.1.6　文明安全施工 ····· 161
　　7.1.7　试验检测结果 ····· 162
　　7.1.8　经济效益分析 ····· 164

  7.1.9 工程应用总结 ·· 164
7.2 泡沫沥青厂拌冷再生工程应用 ··· 165
  7.2.1 项目概况 ·· 165
  7.2.2 道路现状调查 ·· 165
  7.2.3 维修养护方案 ·· 166
  7.2.4 配合比设计及施工工艺 ··· 167
  7.2.5 施工质量检测 ·· 169
  7.2.6 效益评估 ·· 172
  7.2.7 工程应用总结 ·· 175
7.3 施工常见问题及处理措施 ··· 175
  7.3.1 铺筑试验路的必要性 ··· 175
  7.3.2 铣刨机速度的控制 ·· 176
  7.3.3 铣刨材料的选择 ··· 177
  7.3.4 泡沫沥青冷再生层下承层的病害处理方法 ······································· 177
  7.3.5 拌和阶段的关键技术 ··· 178
  7.3.6 摊铺压实阶段的关键技术 ··· 179
  7.3.7 冷再生层的成型关键技术 ··· 179
7.4 检测内容及技术要求 ·· 180

参考文献 ·· 181

术语和缩略词

术语表

添加剂 Additive
一种添加到再生剂中的材料，用于提高混合料的性能，比如提高早期强度或抗水损害性能。

沥青结合料 Asphalt binder
原油加工过程的一种产品，用作沥青-集料混合料的黏结剂。

沥青混合料 Asphalt mixture
一种高质量的沥青黏结混合料，具有一定级配的粗集料和细集料。

厂拌冷再生 Cold central plant recycling
在拌和厂将沥青混合料回收料（RAP）或者无机回收料（RAI）破碎、筛分后，以一定的比例与新矿料、再生结合料、水等在常温下拌和为混合料，然后铺筑形成沥青路面的技术。

就地冷再生 Cold in-place recycling
采用专用设备对沥青层进行就地铣刨，掺入一定数量的新矿料、再生结合料、水，经过常温拌和、摊铺、压实等工序，实现旧沥青路面再生的技术。

乳化沥青 Emulsfied asphalt
由沥青、水、外加剂等共同在高速剪切设备中混合生产而成的沥青。

泡沫沥青 Foamed asphalt
将热沥青和水在专用的发泡装置内混合、膨胀，形成的含有大量均匀分散气泡的沥青材料。

全深式冷再生 Full depth reclamation
采用专用设备对沥青层及部分下承层进行就地翻松，或是将沥青层部分或全部铣刨移除后对部分下承层进行就地翻松，同时掺入一定数量的新矿料、再生结合料、水等，经过常温拌和、摊铺、压实等工序，实现旧沥青路面再生的技术。

泡沫沥青半衰期 Half life(HL) of foamed asphalt
泡沫沥青从最大体积衰减到最大体积的 50% 所用的时间。

泡沫沥青膨胀率 Expansion ratio of foamed asphalt

泡沫沥青发泡状态下的最大体积与未发泡时沥青体积的比值。

沥青混合料回收旧料 Reclaimed asphalt pavement(RAP)

采用铣刨、开挖等方式从沥青路面上获得的旧沥青混合料。

无机回收料 Reclaimed aggregate or reclaimed inorganic binder stabilized aggregate(RAI)

采用铣刨、开挖等方式从沥青路面上获取的旧无机结合料稳定粒料或旧无机结合料粒料。

沥青路面回收料 Reclaimed materials from asphalt pavement(RMAP)

采用铣刨、开挖等方式从沥青路面上获得的旧料,包括沥青混合料回收旧料(RAP)、无机回收料(RAI)。

缩略词表

AASHTO——美国国家公路与运输协会 American Association of State Highway and Transportation Officials

ARRA——美国沥青再生协会 Asphalt Recycling and Reclaiming Association

ASTM——美国材料与试验协会 American Society for Testing and Materials

CSIR——南非科学与工业研究理事会 Council for Scientific and Industrial Research

FHWA——美国联邦公路局 Federal Highway Administration

LTPP——长期路面性能 Long Term Pavement Performance

NAPA——美国国家沥青路面协会 National Asphalt Pavement Association

PG——沥青性能分级 Performance Grade(Asphalt Binder)

第一章 绪 论

1.1 冷再生技术发展

沥青混合料,由95%的集料和5%的沥青组成,是当今最常用的道路建筑材料。调研表明沥青路面在全世界有着极为广泛的运用:在美国,沥青路面约占全国路网的96%;在中国,沥青路面约占全国高速公路路网的90%;在英国,沥青路面约占全国路网的95%;在瑞士的全国路网中,86%的路面为沥青路面,9%的路面为水泥路面,还有5%的路面为复合路面。

热拌沥青混合料通常由预热的矿物集料(180~250 ℃)、沥青(160 ℃)、矿粉和其他添加物拌制而成。由于需要使用比较高的温度,因此需要大量的燃料加热集料和沥青。最新的调研表明:生产1 t的热拌沥青混合料需要使用7.6~9.7 L燃料,消耗275 MJ的能量,同时占据了混合料生产中15%的造价。从20世纪70年代的石油危机到1997年签订的《京都议定书》,再到2016年签订的《巴黎协定》,研究者开始对沥青生产和使用过程中的能量消耗、碳排放和可持续性进行关注。其中,低排放沥青由于其低环境影响和高成本效益得到了持续的关注。比如,温拌沥青混合料被认为是热拌沥青混合料的替代品。温拌沥青混合料所需的生产温度比热拌沥青混合料要低20~55 ℃,但是它对燃料的节省有一定限度,节省20%~35%。

沥青行业的研究者在持续寻找着更加低耗、环保,同时更高成本效益的产品,冷拌沥青混合料的研究和使用得到了不断的关注与重视。冷拌沥青混合料通常是由泡沫沥青或乳化沥青、集料、填料在常温下拌和而成的。与热拌沥青混合料相比,采用冷拌沥青混合料,能够节约至少95%的能源,如图1-1所示。但是冷拌沥青混合料也具有明显的不足。由于混合料中黏结强度的产生需要其中的水分基本蒸发,这样一来,冷拌沥青混合料需要较长的时间(通常几周)才能达到其完全的强度。与传统的热拌沥青混合料相比,会有较差的性能,即不足的早期强度和高孔隙率。此外,由于混合料中水分的存在,潜在的水损害和路用性能的耐久性也是值得关注的,因此,冷拌沥青混合料很少被用于重载路面的结构层。

美国沥青再生协会(ARRA)将沥青路面再生技术分为5种类型:冷铣刨(Cold Planning,CP)、热再生(Hot Recycling,HR)、就地热再生(Hot In-place Recycling,HIR)、全深式再生(Full Depth Reclamation,FDR)及冷再生(Cold Recycling,CR)。我国《公路沥青路面再生技术规范》(JTG/T 5521—2019)将沥青路面再生技术分为厂拌热再生、就地热再生、厂拌冷再生、就地冷再生和全深式冷再生等5种。与热再生技术相比,沥青路面冷再生技术在常温

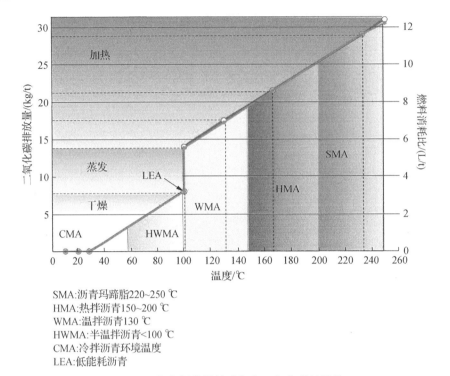

SMA:沥青玛蹄脂220~250 ℃
HMA:热拌沥青150~200 ℃
WMA:温拌沥青130 ℃
HWMA:半温拌沥青<100 ℃
CMA:冷拌沥青环境温度
LEA:低能耗沥青

图 1-1　混合料能量的消耗和二氧化碳的排放

下施工的特点对保护环境和节约资源有着更加积极的作用。沥青路面冷再生技术一般采用乳化沥青、泡沫沥青、水泥、石灰、矿粉等作为广义上的再生剂。冷再生混合料中最多含有98%的回收旧料,从而能够节省大量的新集料和降低用于加热和烘干的能量消耗(Diefenderfer et al,2016)。由于冷再生混合料是在常温中生产的,因此在铺路和压实工程中显著地减少了温室气体的排放。

就地冷再生技术通常以回收部分已建的道路来修复沥青路面,一般的再生厚度为5~12.5 cm。就地冷再生技术可完全用于单设备车组(Single-unit Train),即路面铣刨和回收过程(若采用化学填料,则应包括化学填料的搅拌过程)全部通过一辆车完成。此外,该技术也可用于多设备再生车组,包括冷铣刨、筛分、筛选、碾碎和搅拌机组。无论哪种过程,生产出的材料都可通过传统的铺装车运输或直接导入摊铺机料斗。

厂拌冷再生技术和就地冷再生技术类似,但是添加回收剂和化学填料的过程在离施工项目较近的拌和场或者回收料的存储点。采用厂拌冷再生技术时,通过采用不同来源的回收旧料可以对回收旧料的级配和添加物的含量有较好的控制。矿物添加物可在可控的速度下进行添加。此外,厂拌冷再生料可用于多层路面或新车道。厂拌冷再生料通过自卸汽车运往施工现场。通常采用厂拌冷再生技术的单层厚度为5~15 cm,当然也可采用多层摊铺来增加回收料的总厚度。

如果更深的结构层受到了损害,那么可采用全深式冷再生技术来重建部分路面。全深式冷再生的再生厚度一般为10~30 cm。该技术的优势在于能够以较少的重建成本重建出降低整体应变的基础层。此外,采用全深式冷再生技术施工时,虽然占用单车道,但能在几小时内开放交通,从而减少了由交通延误带来的损失。

泡沫沥青和乳化沥青可作为就地冷再生和厂拌冷再生的回收剂,或者作为全深式冷再生的稳定剂。这些回收剂/稳定剂与回收旧料在常温下拌和并且在集料间提供黏结强度。然而,这两种回收剂的稳定机制截然不同。恰尼博士在20世纪60年代左右提出了在冷再生技术中采用泡沫沥青的技术专利。沥青发泡过程的实现是通过将蒸汽加入热沥青中,在增大泡沫沥青体积的同时减小了沥青的黏度。1968年,美孚石油公司获取了该泡沫沥青的专利,并修改了生产过程,即使用冷水来制备泡沫沥青。该生产过程更适于就地冷再生技术。70年代,泡沫沥青主要作为劣质路面材料的稳定剂,鲍林和马丁等人在这方面进行了详细的研究。80年代早期,美国对采用泡沫沥青做稳定剂和黏结剂进行了研究。挪威于1983年开始采用冷再生技术,1997年采用该技术实现道路维修量达180万 m^2。1990年后,泡沫沥青的研究再次引起了人们的兴趣,许多公路部门也将它作为稳定剂、再生剂进行试验和研究。澳大利亚和南非在这方面进行了一系列的研究,南非于1998年提出了泡沫沥青混合料设计方法。现在,泡沫沥青在许多国家和地区(包括南非、澳大利亚、加拿大、墨西哥、荷兰、挪威、芬兰和中东地区等)都得到了应用。南非穆森和詹金斯等人对泡沫沥青混合料的配合比设计方法和路用性能进行了研究,并为后续的泡沫沥青再生技术的理论研究和实际应用奠定了基础。

在现在的泡沫沥青制备过程中,是将水和空气引入热沥青中。被沥青包裹的水蒸气增大了沥青的体积,减小了沥青的黏度,从而加速了泡沫沥青在回收旧料中形成非连续的黏结。在道路行业中采用乳化沥青开始于20世纪20年代。乳化沥青通过采用乳化剂使细小的沥青滴分散在水中,其中乳化剂用于阻止沥青滴的合并。乳化沥青的黏度远远小于与其对应的热沥青。在乳化沥青破乳以后,沥青以一层薄膜包裹集料颗粒。破乳这一术语用于形容沥青从水中分离。

采用发泡技术的冷再生混合料具有以下几个优点:第一,泡沫沥青增强了回收旧料的抗剪强度和抗水损的能力;第二,回收旧料的性能与水泥稳定材料类似,但是回收旧料具有更大的柔性和更强的抗疲劳性能;第三,由于生产过程中不需要加热,冷再生技术能够节约能源和减少温室气体的排放。

泡沫沥青的应用无论是对环保,还是对路面使用性能都很有价值,这主要是因为泡沫沥青具有以下突出的优点:

① 泡沫沥青混合料增加了粒料的剪切强度,降低了水敏感性;泡沫沥青混合料的强度特征接近石灰(或水泥)稳定粒料(半刚性材料),但却具有一定的柔韧性和良好的抗疲劳性能,用其取代半刚性基层材料铺筑道路基层可以有效地防止反射裂缝的产生。

② 泡沫沥青混合料拌好后可以立即摊铺压实,压实结束即可开放交通,这在城市道路维修中能有效地减少对交通的影响;同时泡沫沥青冷再生材料的养生期非常短,一般只需要

2～3天即可进行下一道工序,这样可以大大缩短施工工期。

③ 拌制泡沫沥青混合料时,只需将沥青加热,而集料在冷湿状态下与泡沫沥青拌和,可以节省大量能源,因此泡沫沥青混合料是一种经济而又环保的道路材料。

④ 泡沫沥青混合料可以长时间储存(最长可以达一个月),而不用担心其发生凝聚现象,以至于材料的性能下降,这不仅使得施工工序间的衔接更加灵活,而且还可以方便地应用于道路日常维修。

⑤ 由于泡沫沥青可以和冷、湿集料形成良好的黏结,因此即使在阴雨等不利天气下也可以进行施工,而不影响施工质量。

⑥ 用于泡沫沥青稳定的集料可以是高质量的级配碎石,也可以是劣质的砂石料、矿渣,还可以广泛使用破碎的沥青路面回收旧料,因此可以根据实际施工条件就地取材。

然而,泡沫沥青在工程应用中也存在一些缺点,比如:

① 用于处治基层时,比石灰、粉煤灰稳定材料造价高;

② 泡沫沥青混合料需要连续级配;

③ 沥青成功发泡需要较高的温度(约180 ℃)。

泡沫沥青冷再生混合料、乳化沥青冷再生混合料和热拌沥青混合料的对比如表1-1所示。

表1-1 泡沫沥青冷再生混合料、乳化沥青冷再生混合料和热拌沥青混合料的对比

因素	冷再生技术类型		热拌沥青混合料
	乳化沥青冷再生混合料	泡沫沥青冷再生混合料	
集料类型	碎石 天然砂砾 回收旧料	碎石 天然砂砾 回收旧料	碎石 0%～50%的回收旧料
沥青拌和温度	20～70 ℃	160～180 ℃	140～180 ℃
集料拌和温度	常温(大于10 ℃)	常温(大于15 ℃)	高温(140～200 ℃)
拌和时湿度	最佳湿度含量加上1% 再减去乳化剂掺量	70%～90%的最佳湿度含量	干燥
包裹集料的类型	包裹较细的颗粒(和部分粗颗粒)	包裹最细的颗粒	以控制的沥青膜厚度包裹所有的集料颗粒
施工和压实温度	常温(大于5 ℃)	常温(大于10 ℃)	高温(140～160 ℃)
空隙率	10%～15%	10%～15%	3%～7%
早期强度增长速度	慢(湿度损失)	一般(湿度损失)	快(冷却)
改性沥青	是	否(改性剂主要为发泡剂)	是
沥青重要参数	乳化剂类型(阴离子、阳离子) 残留沥青 破乳时间	发泡特性 膨胀率 半衰期	针入度 软化点 黏度

自20世纪90年代以来,泡沫沥青的冷再生技术在世界范围内得到了不少应用。在美国,超过11个州采用了该技术用于路面修复。在世界范围内,用WR2500S冷再生机进行修复的工程有希腊高速公路修复工程、美国科罗拉多州公园道路修复工程、意大利摩德纳道路结构修复工程、美国缅因州8号公路泡沫沥青就地冷再生工程、美国蒙大拿州海伦娜国家森林道路修复工程等。

相比之下,我国在20世纪90年代才开始研究泡沫沥青技术。1991年,山西省阳泉市市政工程养护管理处首先展开了对泡沫沥青的研究工作。1992年,沈阳市市政工程设计研究院也对泡沫沥青进行了深入研究,并研发出了发泡设备。2002年,同济大学和上海浦东路桥建设股份有限公司对泡沫沥青稳定基层展开研究,在沥青发泡原理及特性、物理力学特性及耐久性、泡沫沥青混合料设计方法等方面取得了成果,并在无锡新区(现为新吴区)修筑了一条600 m的试验路。2004年,拾方治等人借鉴国外研究成果,提出了泡沫沥青混合料的设计原理和方法,并对泡沫沥青冷再生混合料用作基层材料的可行性进行了研究。2006年以来,上海、广东、重庆、湖北、陕西等地都铺筑了泡沫沥青冷再生混合料试验路段。2008年,浙江省地方标准《公路泡沫沥青冷再生路面设计与施工技术规程》发布。2009年,天津市也发布了地方标准《公路沥青路面泡沫沥青冷再生技术规范》。2011—2012年,广东省佛开高速公路和京沈高速公路天津段也先后应用了泡沫沥青技术。

以美国应用就地冷再生技术为例,图1-2显示了各州每年采用就地冷再生技术的规模和道路长度。其中,大部分州将就地冷再生技术用于年平均日交通量介于5 000~30 000辆的路段。同时可以观察到,该技术主要应用于美国东海岸、中西部、西部和西海岸地区,而很少应用于南部、东南部各州。可能的原因是与天气(如湿度、温度和降雨量)相关。

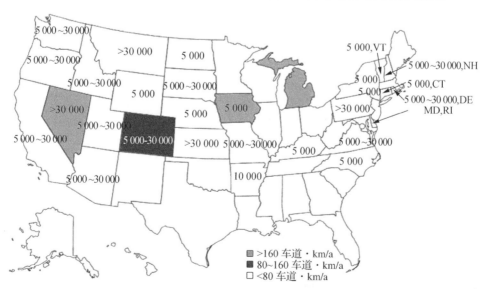

图1-2 美国就地冷再生技术的应用(以规模和道路长度为例)

1.2 我国冷再生技术规范

目前,我国与泡沫沥青冷再生技术相关的规范至少有9部,如表1-2所示。除了交通运输部发布的《公路沥青路面再生技术规范》之外,还有1部行业标准和7部地方标准。这些标准针对泡沫沥青冷再生路面设计、施工技术等进行了相关规定。

表1-2 国内泡沫沥青冷再生技术规范

	规范名称	起草单位	发布单位
1	《公路沥青路面再生技术规范》(JTG/T 5521—2019)	交通运输部公路科学研究院	交通运输部
2	《城镇道路沥青路面再生利用技术规程》(CJJ/T 43—2014)	上海市市政规划设计研究院、广东电白建设集团有限公司	住房和城乡建设部
3	《公路沥青路面泡沫沥青冷再生技术规范》(DB 41/T 964—2014)	河南省交通运输厅公路管理局、周口市公路管理局、上海理工大学	河南省质量技术监督局
4	《公路泡沫沥青冷再生路面设计与施工技术规范》(DB 33/T 715—2018)	嘉兴市公路与港口学会、嘉兴市交通工程质量安全监督站、嘉兴市高新交通技术测评研究院、上海理工大学	浙江省市场监督管理局
5	《泡沫沥青就地冷再生沥青路面设计与施工技术规范》(DB 61/T 1153—2018)	西安公路研究院、陕西省铜川公路管理局、陕西利维路面再生工程有限公司	陕西省质量技术监督局
6	《沥青路面冷再生技术规范》(DB 14/T 678—2012)	山西省交通科学研究院、山西喜跃发道路建设养护有限公司、交通运输部公路科学研究所	山西省质量技术监督局
7	《公路沥青路面泡沫沥青冷再生技术规范》(TJG F 41—2009)	天津市市政工程研究院	天津市市政公路管理局
8	《公路沥青路面泡沫沥青冷再生施工技术规范》(DB 36/T 988—2017)	江西省公路管理局	江西省质量技术监督局
9	《公路沥青路面泡沫沥青冷再生技术指南》(DB 13/T 2513—2017)	河北省道路结构与材料研究中心、河北省交通运输厅公路管理局等	河北省质量技术监督局

1.3 国外冷再生技术规范

这一节,主要以北美有关泡沫沥青冷再生的技术规范为例。如表1-3所示,从级配设计的角度,美国的 AASHTO 规范对泡沫沥青冷再生中最佳沥青含量的确定和级配设计有相关要求。有不少州采用了冷再生技术,但是在施工技术规范中指明泡沫沥青冷再生的只有少数几个州。在泡沫沥青就地冷再生这一方面,美国的加利福尼亚州、明尼苏达州、艾奥瓦州和加拿大的安大略省对泡沫沥青就地冷再生的施工技术做出了相关规定;在泡沫沥青全深式再生这一方面,美国的加利福尼亚州、明尼苏达州、艾奥瓦州、缅因州和加拿大的安大略省对泡沫沥青全深式冷再生的施工技术做出了相关规定。这些施工技术规范中,主要规定了冷再生技术中材料、装备、施工、质量控制和付款等方面的要求和技术指标。

表 1-3 国外泡沫沥青冷再生技术规范

AASHTO 规范	不同州的施工技术规范(材料、装备、施工、质量控制、付款等)
AASHTO MP38 泡沫沥青冷再生混合料的级配设计	泡沫沥青就地冷再生(美国的加利福尼亚州、明尼苏达州、艾奥瓦州和加拿大的安大略省)
AASHTO PP94 泡沫沥青冷再生中最佳沥青含量的确定	泡沫沥青全深式再生(美国的加利福尼亚州、明尼苏达州、艾奥瓦州、缅因州和加拿大的安大略省)

此外,美国联邦公路局于 2018 年发布了就地冷再生和厂拌冷再生项目选取的指导文档,题为:*Overview of Project Selection Guidelines for Cold In-place and Cold Central Plant Pavement Recycling*。

1.3.1 AASHTO MP38 泡沫沥青冷再生混合料设计流程

AASHTO MP38 泡沫沥青冷再生混合料的级配设计(Standard Specification for Mix Design of Cold Recycled Mixture with Foamed Asphalt)中,大体的设计要求为:

1) 回收料的要求

回收旧料级配要求如表 1-4 所示。

表 1-4 回收旧料级配要求

粒径	通过率/%		
	细级配	中间级配	粗级配
31.5 mm	100	100	100
25 mm	100	100	85~100
19 mm	95~100	85~96	75~92
4.75 mm	65~75	40~65	30~45
0.6 mm	15~35	4~14	1~7

2) 泡沫沥青和添加剂的要求

沥青根据 PG 等级分类;泡沫沥青由 LTPPBind 3.1 软件来确定低温要求。

添加剂：Ⅰ类或Ⅱ类水泥满足 M85 的要求；熟石灰满足 M216 的要求。

3）冷再生混合料的级配设计要求

泡沫沥青冷再生混合料设计要求如表 1-5 所示。

表 1-5 泡沫沥青冷再生混合料设计要求

测试方法	标准	性质
干燥状态下间接拉伸强度，AASHTO T283	最低值 310 kPa	养护后强度
拉伸强度比，AASHTO T283	最低值 70%（水泥）	抵抗水损害
	最低值 60%（熟石灰）	
	最低值 60%（无添加剂）	

注：选取任意一种间接拉伸强度试验。

AASHTO PP94 泡沫沥青冷再生中最佳沥青含量的确定（Standard Specification for Determination of Optimum Asphalt Content of Cold Recycled Mixture with Foamed Asphalt），大体的过程如下：

(1) 回收旧料的取样（满足就地和厂拌的取样要求）；

(2) 确定回收旧料的沥青含量和级配；

(3) 确定回收旧料的最佳水含量（AASHTO T180）；

(4) 选择回收剂（Wirtgen GmbH,2012）；

(5) 确定强度和强度比；

(6) 泡沫沥青含量的选择。

1.3.2 美国明尼苏达州冷再生施工技术规范

下面以明尼苏达州有关就地冷再生/厂拌冷再生的施工技术规范为例。

2390.2 材料要求

A.1 设计参数

需要对厂拌/就地冷再生进行混合料设计，包括发泡方法、沥青分级和添加剂掺量等。冷再生混合料的设计标准可参照 Grading Base Manual section 5-692.291.

A.2 设计要求

交通厅：提出混合料设计要求，采用 Form G&B-408 或类似的表格。

施工方：满足混合料设计要求。

A.3 级配

回收旧料的级配要求为 97%～100% 通过 3.18 cm 的筛孔和 99%～100% 通过 3.80 cm 的筛孔。

第一章 绪 论

A.4 沥青材料

采用满足 3152"Bituminous Material"并符合级配设计要求的沥青。

A.5 水泥

如果级配设计中有要求用到水泥,那么采用符合 3101 要求的波特兰水泥。

A.6 添加的集料

如果级配设计中要求增加集料,那么添加集料。

A.7 水

拌和用的水应该满足 3906"Water for Concrete and Mortar"的要求。

2390.3 施工要求

A.1 通则

在施工以前,除去临近地表的植被和地表土。需要修理因承包商的疏忽而损坏的结构。应提供水以获取最佳含水量。

摊铺就地冷再生或厂拌冷再生混合料时,应注意:

(1) 采用泡沫沥青时,环境温度至少应为 15.6 ℃,并且温度在升高;

(2) 施工天气不应该是雾天或者雨天;

(3) 施工后 48 h 内,预计不会出现冷冻温度。

工程师需要确定环境温度并预测天气。

A.2 设备要求

对于泡沫沥青,设备要求如下:

(1) 需要精准地制备泡沫沥青,并匀速地添加水;

(2) 通过采样喷头来提供泡沫沥青样本。

A.3 铣刨

采用具有以下功能的自推式的铣刨装置:

(1) 必须有至少 1.8 m 长的板或者多点测量仪来控制铣刨;

(2) 具有自动深度和横坡度控制功能;

(3) 能够维持恒定的切削深度(精度控制在±0.64 cm)。

按照计划深度和宽度铣刨已有路面。

铣刨过程中遇到铺路织物应进行相应处理并使其满足以下要求:90%的铺路织物都应处理为小于 32 cm² 的碎片,并且任何一块碎片的长或宽不应超过 10 cm。

A.4 破碎机

采用的破碎机应具备可生产满足相关要求的级配,同时装有闭环系统能够将过大的碎料返回给破碎机处理。

A.5 搅拌机

采用的搅拌机能够在注入沥青材料的同时有效拌和回收旧料。控制精度保持在0.1%。

A.6 摊铺机

摊铺宽度为7 m并满足规范2360.3.B.2.a"Paver"的要求。

A.7 沥青罐车

沥青罐车应配有可视的温度计来测量罐底沥青的温度。

A.8 压路机

A.8.a 钢轮压路机

采用的钢轮压路机应满足规范2360.3.B.2.e(1)的要求,同时配有喷水系统。

A.8.b 胶轮压路机

采用的胶轮压路机至少有22.7 t并满足规范2360.3.B.2.e(2)的要求。

A.9 沥青材料的相关控制

根据混合料设计的要求来添加沥青材料。但是,当工程师认为粉碎的沥青材料过干或过油时,在咨询过承包商之后,工程师可直接微调沥青混合料的摊铺速率。

将泡沫沥青的温度控制在混合料设计的最佳温度±5.6 ℃范围内。应该注意的是,其中泡沫沥青的膨胀率和半衰期都应满足要求。如果混合料设计中并未推荐最佳温度,那么应控制泡沫沥青的温度在151.7~162.8 ℃之间。

A.10 拌和

将碾碎的回收旧料、沥青材料、水泥拌和成均质的混合料。根据混合料的连续性、包裹情况、回收旧料的分布来调节水的添加速率。

A.11 摊铺

不需要加热摊铺机熨平板。在一次连续摊铺过程中摊铺冷再生料。应确保混合料不出现离析。

A.12 压实

A.12.a 通则

(1) 修补路面轮廓中长度在7.5 m内深度大于2.54 cm的车辙。

(2) 压路机和其他施工设备不能静止停留在冷再生路面上。

(3) 在终压后的至少2 h内,不允许车辆(包括施工车辆)行驶在冷再生面层上。

(4) 采用视觉评价法检查裂缝和压痕以防止过压。

(5) 压实采用2390.3.A.12.a"Control Strip"中的标准。

(6) 如果试验段中的密度低于98%的目标密度,那么在摊铺冷再生料的48 h内,进行复压使试验段达到要求,同时应注意避免过压的现象。另外,部分区域由于现场原因可能无法达到 98% 的目标密度。

A.12.b 试验段

根据试验段来确定压路模式(Rolling Pattern)。选择的试验段应该代表一段均匀的路段，同时具有以下两个特性：

(1) 至少为 334.5 m²；
(2) 为现场路段，且会成为整个项目中的一部分。

采用以下步骤来确定压路模式：

(1) 在试验段上，首先随机选取 3 个测试点，然后采用核密度仪(ASTM D2950，后向散射模式)确定每次钢轮碾压后的湿密度。

(2) 确保核密度仪放置在一个平整的路面上。每个点密度的定义为两个偏移 180°测量的读数的均值。

(3) 连续压实试验段，直到额外的碾压不能明显增加测试点的密度。给工程师提供密度增长曲线和最大目标密度的相关文件。在质量控制和质量评估中，采用目标密度作为评价指标。

(4) 利用在试验段中确定的压路模式来压实其他路段。

(5) 如果路面出现裂缝或需要评估路面，那么停止该压路模式并重新对其进行评估。

采用该压路模式，直到需要测试新的试验段。

当调整冷再生混合料时，需要在新的试验段上确定一个新的压路模式。需要调整的方面包括：(1) 现场材料的变化，如路段厚度变化、施工历史等；(2) 回收旧料中级配的变化；(3) 混合料摊铺速率的变化。

A.13 施工质量控制

在材料控制计划要求中，进行质量控制相关的试验，并提交所需的材料。在试验结束的 24 h 内，将试验结果的电子版提交给工程师。提交给工程师的材料中应包括以下文件：

(1) 一份初步的分级和路基报告(G&B-001)(开工之前需要完成)；
(2) 一份最终的分级和路基报告(G&B-002)(项目结束后两周内完成)；
(3) 试验完成的周报告和失败材料的重新测试结果(G&B-003)(需在每周一提交)。

通过测量材料中的含水量(采用微波炉法或类似方法)，换算出核密度仪的干密度。

A.14 质量评估

在每个计划的材料控制阶段进行质量评估。

A.15 轮廓、养护和路面相关要求

冷再生表面应平整密实，无明显轮迹、裂痕、推挤、油包、离析等缺陷。在摊铺下一层路面之前，应该立即除去所有的松散集料。修补车辙、坑槽和其他变形。

A.16 雾封层和沥青材料的要求

在摊铺沥青路面之前，以 0.45~0.72 L/m² 的速度喷洒一层 CSS-1h 的雾封层。

如果承包商要求铺筑下一层材料(热拌沥青混合料、碎石封层等),那么需注意以下几点:

(1) 铺筑的时间应在冷再生材料摊铺后的 3~14 个工作日内。若有大量的降雨阻碍了冷再生材料的养护,则可延长 14 个工作日。

(2) 冷再生材料的表面在施工设备下不产生弯沉,并能同时满足质量压实 2105.3.F 的要求。

(3) 冷再生材料能够满足相关强度要求,并且材料中的含水量不会导致下一层材料的损坏。

(4) 冷再生材料中的含水量足够低,并且不会迁移和损坏新的路面。

A.17 暂停点

任何不能满足要求的失败都会产生暂停点。在此期间,除非采取修正措施,满足测试要求或得到工程师的批准,否则不能摊铺新的材料。

B.1 装备——对就地冷再生的额外要求

采用自推式的设备,能通过铣刨、破碎、过滤、筛分和拌和回收旧料和回收剂而生产出均质的产品。

B.2 铣刨——对就地冷再生的额外要求

采用自推式的铣刨机,且最小铣刨宽度为 3.8 m。

B.3 拌和机——对就地冷再生的额外要求

以回收旧料的质量来计量添加的沥青材料。

B.4 叶轮供料器

如需添加矿质稳定剂,在回收之前,应采用能够均匀撒铺的叶轮供料器铺撒稳定剂。

B.5 铺撒水泥

采用叶轮供料器铺撒水泥时,应该减小粉尘,比如在强风情况下,不进行铺撒。控制水泥的含量在目标量的一定范围内。拌和的时间应控制在不长于铺撒水泥的 0.5 h 以内。

C.1 装备——对厂拌冷再生的额外要求

采用的设备,能通过铣刨、破碎、过滤、筛分和拌和回收旧料和回收剂而生产出均质的产品。

C.2 摊铺——对厂拌冷再生的额外要求

均匀摊铺材料,每层厚度不超过 10 cm。

2390.4 测量单位

以 m^2 为单位计量冷再生层;

以 t 为单位计量混合料中沥青材料的使用量;

以 L 为单位计量雾封层中沥青材料的使用量;

以 t 为单位计量水泥的使用量；

以 t 为单位计量添加的集料。

2390.5 付款

合同中冷再生材料的付款费用应包括：铣刨、生产、测试、摊铺、压实、除去临近地表的植被和地表土、水。还有要求的和必要的养护，包括清理路面。此外，合同中要求支付的任何其他必需的添加剂是附带的。

第二章 泡沫沥青的发泡原理与评价指标

本章分别介绍了泡沫沥青的发泡原理、泡沫沥青性能和泡沫沥青的发泡工艺。

2.1 泡沫沥青的发泡原理

泡沫沥青的生产是通过将水注入热沥青中,产生了自发性发泡(Spontaneous Foaming),发泡后的沥青是原体积的近20倍。图2-1是泡沫沥青发泡过程的示意图。当高温条件下的沥青中注入少量的冷水时,沥青的物理性质暂时改变了,即热沥青与小水滴表面发生了热交换,水滴的温度急剧升高至100 ℃,然后爆炸性地转变为水蒸气,同时水蒸气被沥青包裹为成千上万的微小沥青气泡,紧接着溶有大量蒸汽泡的沥青从喷嘴喷出,即为泡沫沥青。沥青发泡的过程是在一个发泡舱内进行的,发泡舱内的水(或同时加上空气)是在高压下注入的。发泡舱是一个体积相对比较小但是较厚的钢管,深度和直径大约为5 cm。值得注意的是,泡沫沥青的气泡会在1 min内破裂。泡沫沥青混合料的生产原理是沥青发泡时,体积增大而有效地增加了沥青包裹集料的面积,同时沥青黏度的暂时降低提高了沥青与集料的施工和易性,能够在较低的拌和温度下获得材料均匀和性能良好的沥青混合料。

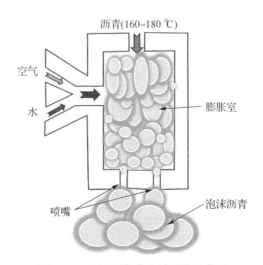

图2-1 泡沫沥青发泡过程的示意图

第二章　泡沫沥青的发泡原理与评价指标

生产泡沫沥青冷再生混合料时,泡沫沥青是在处于"不稳定"的发泡阶段加入集料中的。泡沫的体积越大,集料中沥青的分布性就越好。图 2-2 展示了泡沫沥青的发泡过程,用一个形象的比喻来形容泡沫沥青冷再生混合料的拌和过程为:将蛋清打成泡沫,然后与干面粉混合,面粉颗粒便黏在一起形成糊状,并且不会立即变硬。在发泡过程中,泡沫沥青的关键性质从体积特性改变为表面特性。表面活性剂的分子(主要包含在沥青质中)从泡沫沥青这个整体运输到界面(液体沥青和空气之间),并在界面上形成吸附层。

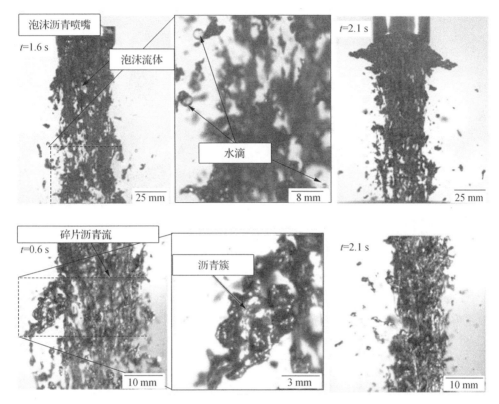

图 2-2　泡沫沥青的发泡过程(Hailesilassie et al,2016)

在拌和过程中,沥青气泡破裂,产生的细小沥青碎片通过吸附微小的颗粒(细集料或者更小的材料)在集料中分散,从而形成胶浆。拌和前材料的含水量对沥青的分布有着重要的作用。在压实过程中,胶浆中的沥青颗粒在物理挤压下黏附在较大的集料颗粒上,从而形成局部非连续黏结("点焊")。

泡沫沥青仅在有限的时间内存在,沥青消泡的原因主要有两种解释。第一种解释为泡沫沥青在空气中温度降低,气泡中的水蒸气液化引起了气泡破裂,水蒸气液化后存于沥青内部变成了水饱和沥青。第二种解释为泡沫沥青的气室基本按照稳定态的蜂窝状排列,在其两侧为沥青液膜。当三个或多个气泡聚集在一起的时候,边界处液膜弯曲并凹向气室一侧,形成普拉特奥边界(Plateau Border),如图 2-3 所示。在普拉特奥边界区域内,气-液界面曲率较大,而薄膜的区域平坦,根据拉普拉斯公式,会产生一个低压区和高压区,在压力差的驱使下液体流向普拉特奥边界,使液膜变薄,同时在重力的作用下,液体沿液膜内壁向下排出,最终导致液膜排液并破裂。第一种解释适用于发泡温度较低或者发泡用水量较少的情况。当沥青的温度较低时,气泡中的水蒸气容易液化,同时较少的用水量使得沥青薄膜较厚,不易产生明显的普拉特奥边界。第二种解释则适用于发泡过程中产生了大量体积较大的气泡或者有大量水蒸气溢出的情况。

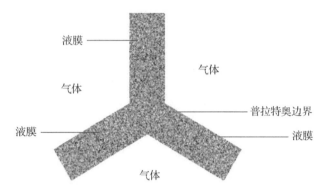

图 2-3　三个以上泡沫沥青气泡相遇时形成的普拉特奥边界

2.2　泡沫沥青的评价指标

评价泡沫沥青的性能可采用膨胀率和半衰期、发泡指数或泡沫沥青黏度这几个指标。仅用膨胀率和半衰期这两个指标,有时并不能有效地反映泡沫沥青的性质,此时可借助于发泡指数或泡沫沥青黏度来进行性能评价。

2.2.1　膨胀率和半衰期

生产泡沫沥青时,通常选用针入度(单位:0.1 mm)介于 60~200 的沥青。尽管有采用硬质沥青生产泡沫沥青的成功案例,但是一般避免采用。因为更硬的沥青会导致混合料中沥青的扩散能力变差。

若仅使用针入度这一指标来选取沥青,则不能选取出适用于泡沫沥青的合适沥青。不同沥青的发泡性能一般需要进行相关测试评价。通常,采用膨胀率和半衰期这两个指标来评价泡沫沥青的发泡特性。

(1) 膨胀率用来测量泡沫的黏度和决定沥青在混合料中的扩散程度。该指标是通过计算泡沫沥青的最大体积与沥青原始体积的比值而得到的。为了使泡沫沥青与翻腾的集料充分接触,形成良好的裹覆作用,膨胀率要足够大。膨胀率越大,拌制的泡沫沥青混合料质量越好。由于泡沫在不停地破灭,因此测定的体积会小于实际使用时的体积。

(2) 半衰期是用于测量泡沫的稳定性和提供泡沫破裂速度的指标。该指标是泡沫从最大体积衰减到最大体积的50%时所用的时间。半衰期长,说明泡沫不容易衰减,可以与集料有较长时间的接触与拌和,从而提高泡沫沥青混合料的质量。一般认为,膨胀率大于10,同时半衰期不低于12 s是可以接受的发泡条件。一般情况下,随着发泡用水量的增加,半衰期逐渐降低,而膨胀率逐渐增加。

这两个基本指标可通过实验室的小型发泡仪器进行探究,比如Wirtgen WLB 10 S(图2-4)。用于检测的实验室内生产的泡沫沥青,通过特制的量筒收集,泡沫沥青的最大发泡体积通过一把量油尺测量。图2-5展示了用于测量最大膨胀率和半衰期的测试方法。

图2-4　Wirtgen WLB 10 S设备(维特根机械)

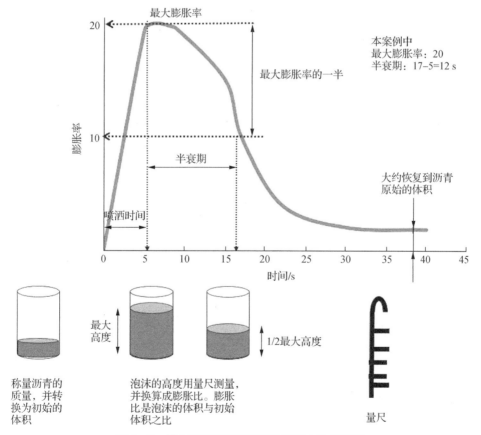

图2-5　最大膨胀率和半衰期的测量方法示意图

影响发泡性能的一个决定性因素是生产泡沫时在发泡舱内注入的水量,即发泡用水量。更多的发泡用水量能够获得更大的膨胀率,但是会引起更快的破裂速度,即更短的半衰期。

2.2.2 泡沫衰减和发泡指数

Jenkins 等(2000)认为泡沫衰减是泡沫沥青特性中另外一个重要的因素。泡沫衰减的定义为泡沫沥青随着时间而破裂。泡沫与常温材料(常温气体、发泡室壁或冷集料)接触,导致发泡的温度降低,这也是影响泡沫沥青衰减的重要因素。

Jenkins 等基于同位素衰减模型,建立了泡沫沥青衰减模型,如公式(2-1)所示。

$$ER(t)=ER_m \cdot e^{-\frac{\ln2}{HL}t} \tag{2-1}$$

式中,$ER(t)$是随时间变化的膨胀率;ER_m是测量的最大膨胀率;HL是半衰期(单位:s);t是从所有泡沫排出时起计算的时间(单位:s)。

该衰减模型已经基于拟合测量的泡沫衰减数据,进行了模型校准(相关系数为0.927),如图2-6(a)所示。对于大多数的情况,如图2-6(b)所示,在测量得到最大膨胀率之前,泡沫沥青已衰减了近5 s。应该注意的是,测量的最大膨胀率ER_m并不等于实际的最大膨胀率ER_a。可以根据实验室中测得的最大膨胀率ER_m来反算出实际最大膨胀率ER_a。由于泡沫沥青在生产时就有一定程度的衰减,因此无法测量得到实际最大膨胀率,但是可通过反算的方法计算出实际最大膨胀率。

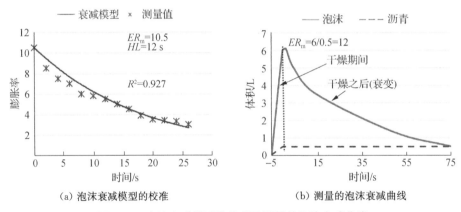

(a) 泡沫衰减模型的校准　　　　(b) 测量的泡沫衰减曲线

图2-6　泡沫衰减模型的校准及测量的泡沫衰减曲线

考虑到合格的混合料中沥青黏度一般在0.2~0.55 Pa·s之间,对于所有的泡沫沥青,其膨胀率至少应该为4(如图2-7所示)。同时,该值被作为最小值用于计算曲线下的面积(泡沫指数),如图2-8所示。

发泡指数(Foaming Index, FI)的定义为衰减曲线内最小膨胀率ER_{min}(取值为4)以上的面积。式2-2展示了计算发泡指数的公式,即计算区域A_1和A_2两部分面积之和(如图2-8)。

$$FI=A_1+A_2=\frac{-\tau_{1/2}}{\ln2}\left[4-ER_m-4\ln\left(\frac{4}{ER_m}\right)\right]+\left(\frac{1+c}{2c}\right) \cdot ER_m \cdot t_s \tag{2-2}$$

式中,FI是发泡指数(单位:s);$\tau_{1/2}$是半衰期(单位:s);ER_m是实测最大膨胀率;c是实测最大膨胀率与实际最大膨胀率的比值;t_s是喷射时间(单位:s)。

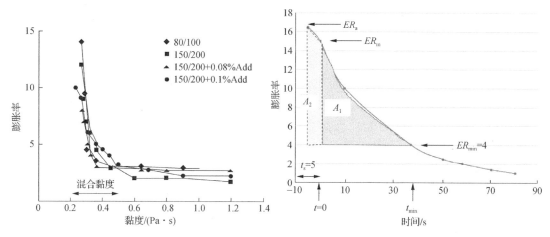

图 2-7 不同膨胀率下采用手持黏度仪测量的泡沫沥青黏度

图 2-8 在已知发泡用水量下发泡指数的计算

举例说明,表 2-1 展示了标准沥清和改性沥青的泡沫系数。在南非的 CSIR 规范中,沥青 A 是不建议使用的,因为其半衰期小于 12 s。但是该沥青有着更高的发泡指数,即比标准沥青有着更好的发泡性能。具有更高发泡指数的沥青,能够存储更多的能量。可以看出,从评价泡沫质量这一方面,发泡指数比 CSIR 的标准更具敏感性。

表 2-1 标准沥青和改性沥青的泡沫系数

沥青类型	沥青 A	沥青 B
最大膨胀率	15	10
半衰期/s	10	12
校正因子	0.83	0.86
发泡指数/s	165.1	94.5

南非冷再生中期指南 TG2 中根据发泡指数,对不同集料温度建立了泡沫沥青发泡质量的评价标准,如表 2-2 所示。

表 2-2 不同泡沫沥青发泡质量对不同温度的集料的影响

发泡指数/s	集料温度 15 ℃	集料温度 25 ℃
<75	不能使用	不能使用
75≤FI<100	非常差	非常差
100≤FI<125	差	中等
125≤FI<175	中等	好
175≤FI<200	好	非常好
≥200	非常好	非常好

2.2.3 泡沫沥青黏度

Jenkins(2000)和Saleh(2006)都对泡沫沥青的黏度进行了研究。Jenkins研究发现最小膨胀率与可接受的拌和黏度有关。然而,Saleh研究发现最佳的发泡特性基于最小的黏度。

如图2-7所示,泡沫沥青的黏度随着膨胀率的增加而减小。可以看到,当膨胀率从15降低到5时,黏度略微增加;但是,当膨胀率低于5时,黏度迅速增加。值得注意的是,泡沫的破裂引起的膨胀率的降低伴随着发泡温度的降低。因此,温度的降低也是引起黏度增加的原因之一。通常来说,在发泡过程的第一个60 s内,泡沫沥青的黏度在0.25~0.5 Pa·s范围内。图2-7的数据是通过手持黏度仪测量得到的。这也就意味着,测量是在泡沫开始破裂后立即开始的,同时温度也开始降低。

Saleh还测量了对选定的沥青种类和温度在不同的发泡用水量下的泡沫沥青黏度。在所用的发泡用水量中,将获得的最低黏度的发泡沥青参数作为最佳参数。因此,提出了以黏度为基础的最佳包裹性能的泡沫沥青的评价方法。研究发现,以SHL80为例,当发泡用水量为2.5%时,泡沫沥青黏度降低至最小值190 MPa·s;当发泡用水量从2.5%升至4.5%时,泡沫沥青黏度最多可高达900 MPa·s(图2-9)。

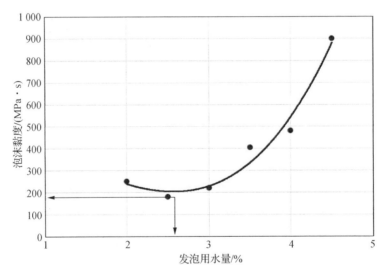

图2-9 发泡沥青黏度与发泡用水量的关系

2.3 最佳泡沫沥青量的确定方法

为获得优异的混合料性能,沥青的发泡需要达到较高的最大膨胀率和更长的半衰期。可是,最大膨胀率和半衰期有着完全相反的趋势,因而增加了选取最佳发泡过程的难度。根据经验,当注入1%~3%冷水时,有效发泡的最大膨胀率一般在10~15之间。表2-3列出

第二章 泡沫沥青的发泡原理与评价指标

了不同的研究方法对于最大膨胀率和半衰期的最低限制。

表 2-3 泡沫沥青技术指标

出处	膨胀率	半衰期/s
公路沥青路面再生技术规范(JTG/T 5521—2019)	≥10	≥8
Austroads(2019)	≥10	≥20
AASHTO(2018a)和 Wirtgen GmbH(2012)		
集料温度(介于 10~15 ℃之间)	≥10	≥8
集料温度(大于 15 ℃)	≥8	≥6
Asphalt Academy(2009)		
集料温度(介于 10~25 ℃之间)	≥10	≥6
集料温度(大于 25 ℃)	≥8	≥6
Ramanujam 等(2009)	≥10	≥20
Iowa Department of Transportation(2006)	≥10	≥10
拾方治(2006)	≥10	≥10
Muthen(1999)	≥10	≥12
TRL 报告 386(Milton 等,1999)	≥10	≥10

如图 2-10 所示,Wirtgen GmbH(2012)根据最大膨胀率和半衰期的关系确定了最佳发泡用水量。影响发泡质量最重要的因素是发泡用水量和沥青温度。较高的沥青温度通常能够产生更好的泡沫。

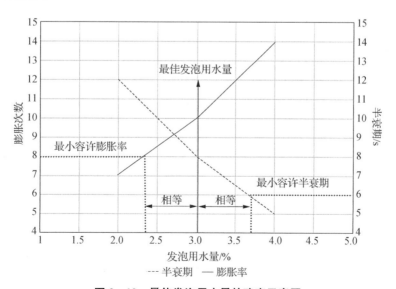

图 2-10 最佳发泡用水量的确定示意图

考虑到集料温度的影响,表 2-4 展示了泡沫沥青在不同集料温度下的膨胀率和半衰期的最低要求。推荐在实验室中开展敏感性分析来决定用来发泡的最佳沥青温度。泡沫沥青的生产也需要控制温度的范围,从而避免对沥青的破坏。

表 2-4 泡沫沥青在不同集料温度下的特性的最低要求

集料温度	10~15 ℃	大于 15 ℃
最大膨胀率	10	8
半衰期/s	8	6

在重复性和再现性方面,在实验室中测量的泡沫特性的可变性是显著的。为了获得合适的统计可靠性,对于每组试验条件应至少进行三次测试。此外,考虑到潜在的可变性,对于相同来源的各罐沥青也需要检测其发泡特性。

从研究的角度出发,发泡指数是以最大膨胀率和半衰期为参数的。较高的最大膨胀率和更长的半衰期能够获得更高的发泡指数。由于较高的发泡指数能够有更好的发泡性能,因此可以采用发泡指数这一单一指标来评价泡沫沥青的质量。如图 2-11 所示,最佳发泡性能可以通过在选定的沥青种类和发泡温度下从全范围的发泡用水量中获取。

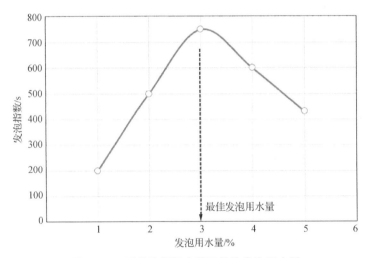

图 2-11 以发泡指数来获取最佳发泡用水量

但是,需要注意的是,发泡指数这一指标并不适用于所有的沥青种类。对于有些沥青种类,当最大膨胀率增加时,并不总是会持续降低半衰期,从而也就无法确定出最佳发泡用水量。因此,Saleh 提出了用发泡指数来替代的方法。他提出了以泡沫沥青黏度作为选取最佳发泡用水量的指标。通过建立发泡用水量与泡沫沥青黏度的关系,选取达到最低黏度值时的发泡用水量作为最佳发泡用水量。Saleh 还发现低发泡指数的泡沫沥青却仍可具有较好的性能,可与集料拌和形成有效的混合料。因此,Saleh 建议以黏度为基准来确定沥青包裹程度。

2.4 沥青发泡性能的影响因素

在实际的生产过程中,影响沥青发泡性能的因素主要有沥青类型、沥青温度、发泡用水量、沥青和水压力及添加剂。

1) 沥青类型

通常来说,沥青越软、针入度越高,其在集料中的扩展效果越好。应该注意的是,不同产地和不同组成的沥青会有不同的发泡效果。当沥青中含有过量的沥青质时,发泡特性会降低。不同品牌的沥青的发泡效果也不一样,一般来说壳牌或者埃索品牌的沥青发泡效果较差。因为这些品牌在沥青的制备过程中,为了方便运输,在沥青中加入了消泡剂,导致其相关沥青发泡质量差。

2) 沥青温度

在合适的温度范围内,沥青的温度越高,发泡特性越好。但是,如果沥青温度过高,会引起沥青老化,同时会消耗较多的能量。发泡过程中水转变为水蒸气后,沥青黏度越小,越容易产生较大的气泡,即更大的最大膨胀率。在沥青路面冷再生技术中,沥青温度应该不低于140 ℃。

3) 发泡用水量

在一定的用水量范围内,发泡用水量越高,则沥青的膨胀率越大,但是单个气泡体积的增大减小了周围沥青薄膜的厚度,气泡容易破裂,其半衰期会越短。实际工程中,发泡用水量一般取1%~3%,沥青发泡过程中最大膨胀率和半衰期成反比关系。因此,需要平衡最大膨胀率和半衰期以确定发泡用水量,从而获得最佳发泡性能。

4) 沥青和水压力

应控制沥青和水的注入压力。增加沥青和水的输送压力,可使喷出的沥青和水雾化程度更高,增大沥青和水的表面接触面积,从而提高沥青的分散效果,提高泡沫的均匀性。

5) 添加剂

市场上的添加剂主要分为消泡剂和发泡剂。消泡剂使气泡快速消失,发泡剂用于辅助发泡。如果沥青中含有消泡剂类的外加剂,应加入发泡剂来消除消泡剂的影响,或者更换沥青。发泡剂的作用时间较短,经常需要在沥青达到所需加热温度之前加入。

2.5 泡沫沥青的发泡工艺

在泡沫沥青的制备过程中,决定泡沫沥青发泡性能的主要工艺因素包括沥青类型、沥青温度和发泡用水量。本节通过查阅相关文献,分析了40多种沥青在不同的沥青温度和发泡用水量下所选取的最佳发泡条件,以及相应的发泡性能(膨胀率、半衰期和发泡指数),如表2-5所示。

表 2-5 最佳发泡条件及发泡性能

研究者	设备	发泡因素			最佳发泡条件及发泡性能					
		沥青类型	沥青温度/℃	发泡用水量/%	其他	沥青类型	沥青温度/℃	发泡用水量/%	膨胀率	半衰期/s	发泡指数/s
Brennen等(1983)	Foamix Asphalt Dispenser	AC-20(A) AC-20(B) AC-20(C) AC-20(D) AC-2.5(A) AC-2.5(B) AP-4(C) RC-SC(A)	149 163 177	1.5 2.0 2.5	—	AC-20(A)	163	2.0	13.5	14	—
						AC-20(B)	163	2.0	8.2	3.5	—
						AC-20(C)	163	2.0	11.5	9	—
						AC-20(D)	163	2.0	8.1	5	—
						AC-2.5(A)	163	2.0	12	7	—
						AC-2.5(B)	163	2.0	9.5	5	—
						AP-4(C)	163	2.0	12.5	13	—
						RC-SC(A)	163	2.0	12.7	26.3	—
拾方治(2006)	Wirtgen WLB10	韩国 AH-70 壳牌 AH-70 镇海 AH-70 埃索 AH-70 中海 AH-70 中油 AH-90	140 150 160 170	1.0 2.0 3.0 4.0 5.0		韩国 AH-70	150	1.5	11	12	107.0
						壳牌 AH-70	150	1.5	11	12	107.0
						镇海 AH-70	150	1.5	16	17	237.6
						埃索 AH-70	140	2.0	12	12	122.9
						中海 AH-70	150	1.5	13	11	137.8
						中油 AH-90	160	1.5	16	11	185.7

续表 2-5

研究者	设备	发泡因素			最佳发泡条件及发泡性能				
		沥青类型	沥青温度 /℃	发泡用水量 /%	其他	沥青类型	沥青温度 /℃	发泡用水量 /%	膨胀率	半衰期 /s	发泡指数 /s

研究者	设备	沥青类型	沥青温度/℃	发泡用水量/%	其他	沥青类型	沥青温度/℃	发泡用水量/%	膨胀率	半衰期/s	发泡指数/s
Saleh(2006)	Wirtgen WLB10	VEN180	170	2.0	—	VEN180	170	2.5	15.3	16.0	218.4
		AR4000-1		2.5		AR4000-1	170	2.0	14	8.8	137.0
		AR2000		3.0		AR2000	170	2.0	12	10.3	119.9
		VEN80		3.5		VEN80	170	3.0	13.3	7.5	124.6
		SHL180		4.0		SHL180	170	3.5	11.3	7.6	99.1
		AR4000-2		4.5		AR4000-2	170	2.0	11	6	80.1
		C170				C170	170	3.5	8	12.8	66.2
		SHL80				SHL80	170	2.5	7.7	6.2	53.4
		DLT80				DLT80	170	2.0	7	8	48.4
徐金枝(2007)	Wirtgen WLB10	中海90#(1)	150	1.0	—	中海90#(1)	150	2.5	23.1	36.7	603.7
		中海90#(2)	160	2.0		中海90#(2)	150	2.0	18.0	10.2	136.7
		SK90#	170	3.0		SK90#	150	2.0	11.4	10.5	64.2
		辽河90#				辽河90#	150	2.0	20.6	33.0	477.5
		西石化90#				西石化90#	150	2.0	13.8	33.6	219.4
		欢喜岭70#				欢喜岭70#	150	2.5	17.6	17.0	208.2
		ESSO70#				ESSO70#	160	2.0	6.0	5.5	—

续表 2-5

研究者	设备	发泡因素				最佳发泡条件及发泡性能				
		沥青类型	沥青温度 /℃	发泡用水量 /%	其他	沥青类型	沥青温度 /℃	发泡用水量 /%	膨胀率	半衰期 /s	发泡指数 /s
Namutebi 等(2011)	Wirtgen WLB10	50/70 70/100 80/100	150 160 170 180	1.0 2.0 3.0 4.0 5.0	—	50/70	160	3.0	22	18	—
						70/100	150	2.0	17	17	—
						80/100	150	2.0	20	17	—
李俊晓(2012)	FA-2 试验机	华腾 AH-70 东海 AH-70 华腾 AH-90	140 150 160 170	1.0 2.0 3.0 4.0 5.0	—	华腾 AH-70	150	2.0	13	10	—
						东海 AH-70	160	3.0	12	10.1	—
						华腾 AH-90	150	2.0	11.5	10.6	—
Abiodun(2014)	Pavement Technologies Foamer	RAF300#	115 125 135 145	1.0~4.8	—	RAF300#	135	3.0	7.5	36	—
Martinez-Arguelles 等(2014)	Wirtgen WLB10S	70/100A 70/100B 70/100B_ADD 70/100C 70/100C_ADD	150 160 170 180	1.0 2.0 3.0 4.0	气压：550 kPa 水压：550 kPa 发泡剂：ADD(0.6%)	70/100A	160	2.0	17	15	—
						70/100B	160	2.0	9	4	—
						70/100B_ADD	160	3.0	25	95	—
						70/100C	160	3.0	26	57	—
						70/100C_ADD	160	3.0	26	153	—

续表 2-5

研究者	设备	发泡因素			最佳发泡条件及发泡性能				
		沥青类型	沥青温度/°C	发泡用水量/%	其他	沥青类型	沥青温度/°C	发泡用水量/%	膨胀率	半衰期/s	发泡指数/s

研究者	设备	沥青类型	沥青温度/°C	发泡用水量/%	其他	沥青类型	沥青温度/°C	发泡用水量/%	膨胀率	半衰期/s	发泡指数/s
姚柒忠(2018)	Wirtgen WLB10S	盘锦八方 90#A	150 160 170	1.0 2.0 3.0 4.0	—	盘锦八方 90#A	160	3.2	14	11.2	—
		盘锦北方 90#A				盘锦北方 90#A	160	2.7	17	15.5	—
Iwański 等(2018)	Wirtgen WLB10S	50/70	110 145 180	1.0 2.5 5.0	气压: 100 kPa, 400 kPa, 700 kPa	50/70	145	2.5	25.3	14.1	—
		50/70M				50/70M	135	2.5	9.6	21	—
Ma(2018)	Wirtgen WLB10S	PG 67—22(A) PG 58—34(B) PG 67—22(C)	160 170	1.0 2.0 3.0 4.0	—	PG 67—22(A)	160	1.8	11	9	—
						PG 58—34(B)	160	2.0	19	10	—
						PG 67—22(C)	170	1.3	9	6	—

如表 2-5 所示,室内制备泡沫沥青的设备主要是采用 Wirtgen WLB10/WLB10S 发泡机。此外,也会有少量的其他发泡装置,比如李俊晓(2012)采用的国产 FA-2 泡沫沥青试验机,Abiodun(2014)采用的 Pavement Technologies Foamer 试验机。

在设计发泡工艺中,沥青的温度主要选取在 140～180 ℃之间,也有极少数的文献尝试了 110～140 ℃的沥青温度。发泡用水量的参数选择在 1%～5%之间进行相关测试。在最佳发泡条件中,沥青的温度介于 150～170 ℃之间,发泡用水量主要在 2%～3%之间。

同一针入度等级,不同品牌的沥青,其发泡性能会有差异。比如,拾方治(2006)选取的 5 种不同的 AH-70 沥青,还有徐金枝(2007)选取的 5 种不同的 90# 沥青。

2.6 本章小结

泡沫沥青的性能对冷再生混合料的性能有着非常重要的影响,本章主要介绍了泡沫沥青的发泡原理、泡沫沥青的评价指标、最佳泡沫沥青用量的确定方法及泡沫沥青的发泡工艺。主要结论如下:

(1) 泡沫沥青混合料的生产原理是沥青发泡时,体积增大而有效地增加了沥青包裹集料的面积,同时沥青黏度的暂时降低提高了沥青与集料的施工和易性,能够在较低的拌和温度下获得材料均匀和性能良好的沥青混合料。

(2) 通常采用膨胀率和半衰期这两个指标来评价泡沫沥青的发泡特性。为了使泡沫沥青与翻腾的集料充分接触,形成良好的裹覆作用,膨胀率要足够大。膨胀率越大,拌制的泡沫沥青混合料质量越好。半衰期长,说明泡沫不容易衰减,可以与集料有较长时间的接触与拌和,从而提高泡沫沥青混合料的质量。一般认为,膨胀率大于 10,同时半衰期不低于 12 s 是可以接受的发泡条件。

(3) 发泡指数比膨胀率和半衰期这两个指标具有更高的敏感度。具有更高发泡指数的沥青,能够存储更多的能量。但是对于有些沥青种类,当最大膨胀率增加时,并不总是会持续降低半衰期,从而也就无法通过发泡指数来确定出最佳发泡用水量,此时可将泡沫沥青黏度作为选取最佳发泡用水量的指标。

(4) 在实际的生产过程中,影响沥青发泡性能的因素主要有沥青类型、沥青温度、发泡用水量、沥青和水压力及添加剂。

第三章　泡沫沥青最佳发泡条件研究

沥青发泡的影响因素较多,包括发泡系统、沥青类型、发泡用水量、发泡温度、压强、搅拌时间等。本章探究了工程中常用的五种沥青(基质沥青、SBS 改性沥青、橡胶改性沥青、抗车辙改性沥青、高黏改性沥青)的发泡能力,利用非接触激光测量法检测沥青发泡的最大膨胀率和半衰期,优化沥青发泡参数,包括发泡用水量、发泡温度、压强及搅拌时间等。此外,还对泡沫沥青中泡沫的衰减规律进行了研究。

3.1　可储存式沥青发泡设备

3.1.1　设备构成

本节采用可储存式发泡沥青设备加工泡沫沥青,其外观图如图 3-1 所示。设备主要由沥青混合釜 V-101、压力发泡罐 V-102、触摸控制面板(图 3-2)、PLC 控制元件、搅拌电机、泵、秤、阀、喷枪、气瓶和管线构成。其中,沥青混合釜 V-101 用于盛放沥青原样和加热沥青;管线和泵用于传输沥青;搅拌电机能够将沥青搅拌均匀,保证沥青中的气泡均匀分布;触摸控制面板和 PLC 控制元件能够控制管线和沥青罐的温度;压力发泡罐 V-102 是进行沥青发泡的主要场所;喷枪用于释放泡沫沥青。

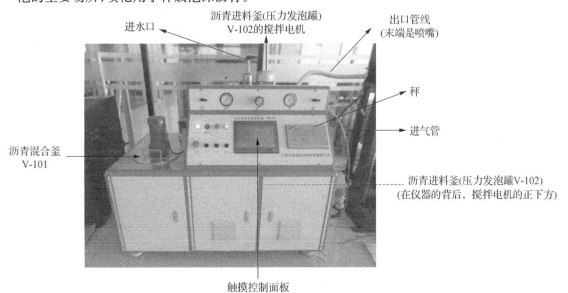

图 3-1　可储存式沥青发泡设备

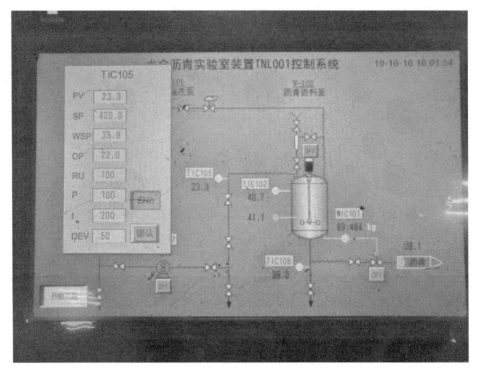

图 3-2 触摸控制面板

3.1.2 泡沫沥青加工流程

如图 3-3 和图 3-4 所示,使用可储存式沥青发泡设备加工泡沫沥青的步骤如下:

(1) 用烘箱将沥青原样加热至流动状态;

(2) 将流动状态的沥青原样倒入沥青混合釜 V-101;

(3) 通过触摸控制面板设定沥青混合釜 V-101 的温度,同时开启搅拌器,使沥青原样均匀加热至发泡温度,然后通过泵将一定量的沥青传送至压力发泡罐 V-102;

(4) 从进水口加入一定量的常温水至压力发泡罐中,打开气瓶,往压力发泡罐中充气,使罐内维持在一定压力下,此压力需大于水在沥青发泡温度下的饱和蒸汽压,目的是防止水蒸气溢出;

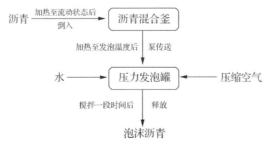

图 3-3 泡沫沥青加工流程图

（5）开启压力发泡罐的搅拌器，搅拌一段时间，目的是使沥青中的水呈微粒状均匀分布；

（6）释放压力发泡罐内的沥青，从喷枪中喷出，即得到泡沫沥青。

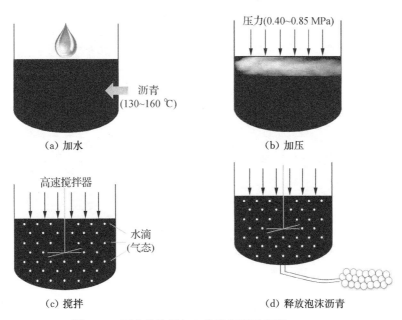

图 3-4 压力发泡罐加工泡沫沥青示意图

3.1.3 工艺优势

可储存式沥青发泡工艺与传统的发泡设备的区别（优势）在于：传统发泡设备将热沥青和水、空气在膨胀室中混合后立即喷出，即喷即用，不能存储。图 3-5 为采用传统发泡设备所生产的泡沫沥青，从图中可看出泡沫沥青中气泡大小分布不均，所生产的泡沫沥青的质量变异性较大。

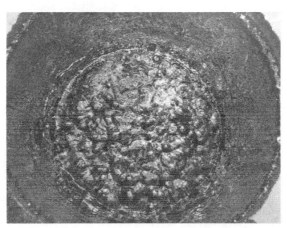

图 3-5 传统发泡设备所生产的泡沫沥青

可储存式沥青发泡设备利用气压,将水分压进沥青中形成沥青与水的混合物(可储存式发泡沥青)。其不仅能稳定生产和存储,还可以进行远距离的运输,需要使用的时候释放压力,将沥青喷出,形成泡沫沥青;且在压力发泡罐中配备搅拌装置,能够保证水分在沥青中呈均匀、微粒状分布,生产的泡沫沥青气泡分布均匀,质量变异性小,如图3-6所示。

图3-6 可储存式沥青发泡设备所生产的泡沫沥青

3.2 非接触式激光测距装置

传统的泡沫沥青膨胀率、半衰期的测量是利用量尺、秒表,通过目测沥青膨胀的最大高度,计算得到膨胀率,再通过估量沥青衰落到最大高度一半时所用的时间,得到半衰期。利用此方法进行测量时,量尺只能放置于容器的外侧,沥青的高度只能通过肉眼估测。若将量尺放置于容器的内侧,虽能准确得到沥青的最大高度,但由于量尺上沾上沥青,遮住刻度,其半衰期也难以准确得到。

考虑到传统的测量方法的弊端,采用激光测距仪,自制了一套非接触式激光测距装置,如图3-7所示。该套装置包含家用激光测距仪、支架、桶、秒表、钢尺,具体操作步骤如下:

首先,每次放料100~200 g,利用激光测距仪所测结果,结合钢尺量取小桶上沥青最高印记的高度,计算最大膨胀高度 H_{max};其次,每隔几秒测定一次测距仪距沥青表面的距离(d_1,

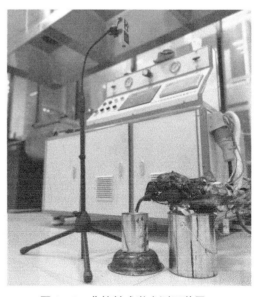

图3-7 非接触式激光测距装置

$d_2, d_3, \cdots$),进而换算出沥青的高度 $H_1, H_2, H_3, \cdots$,计算出不同时刻的膨胀率 $ER(t)$,确定出半衰期 HL;最后称取沥青的实际质量 m,计算最大膨胀率 $ER_{\max}$。

相比于传统的测量方法,该方法更加简单快捷、测量精准,且能得到不同时间点的一系列沥青高度,从而绘制出沥青的膨胀率随时间衰变的曲线,便于更好地掌握沥青发泡的特性。

3.3 基质沥青、SBS 改性沥青、橡胶改性沥青最佳发泡条件的确定

3.3.1 初步试验和发泡条件范围的拟定

基于文献调研,使用传统的沥青发泡设备,基质沥青的发泡温度范围为 140~170 ℃,发泡用水量范围为 1%~3%;SBS 改性沥青的发泡温度范围为 150~180 ℃,发泡用水量范围为 1%~3%;橡胶改性沥青的发泡温度范围为 160~190 ℃,发泡用水量范围为 1%~3%。由于本书中的压力发泡罐还涉及加压存储、搅拌,因此所考虑的发泡条件除温度、用水量外,还有压强、搅拌时间。

在初步试验阶段,对设备的发泡性能进行了测试,结果如表 3-1 所示。

表 3-1 初步试验结果

沥青品种	压强/MPa	温度/℃	用水量/%	搅拌时间/min	最大膨胀率	半衰期/s
双龙♯70基质沥青	0.55	120	1.5	30	8	17
	0.55	120	1.5	60	13	38
	0.55	120	1.5	>90	15	52
	0.55	120	2.0	60	14	26
	0.55	120	2.0	90	14	32
	0.55	130	2.0	>90	17	19
马瑞♯70基质沥青	0.55	120	1.5	90	10	24
	0.55	120	2.0	60	13	12
金海鸿业♯70基质沥青	0.55	120	1.5	60	5	35
	0.55	120	1.5	90	8	15
	0.55	120	2.0	30	9	8
70S0 橡胶改性沥青	0.90	160	2.0	30	10	117
	0.90	160	2.0	60	9	99
	0.90	160	2.0	90	8	133
	0.90	160	2.5	60	8	93
	0.90	170	2.5	>90	8	53

续表 3-1

沥青品种	压强/MPa	温度/℃	用水量/%	搅拌时间/min	最大膨胀率	半衰期/s
SBS改性沥青	0.80	160	2.0	30	7	5
	0.55	140	2.0	60	16	10
	0.55	130	2.0	90	14	12
	0.55	130	2.5	30	16	14
	0.55	140	2.5	90	16	9

初步试验采用的是传统的测量方法,即量尺和秒表,通过目测估计沥青的最大膨胀率、半衰期,虽然结果的精确性不高,但仍有一定的参考价值。

试验结果表明,基质沥青在120～130 ℃、用水量1.5%的条件下,SBS改性沥青在130～140 ℃、用水量2.0%的条件下发泡便能达到较高的膨胀率和较长的半衰期,这与传统的发泡设备有明显的区别,其原因可能是:① 传统设备发泡沥青时,并非所有水分都转化为蒸汽。水分聚集在一起与沥青混合,水的比表面积小,与沥青的热量交换不充分。已有研究成果表明,传统设备发泡的有效用水率(实际参与发泡的水量与用水量之比)仅为0.14～0.59。可储存式压力发泡罐的搅拌功能可实现水呈更均匀的微粒状分布,保证了水与沥青充分的热量交换,提高了发泡的效率,从而降低了发泡用水量。② 传统的发泡设备将热沥青和常温水(约25 ℃)混合后放出,发泡温度是指热沥青的温度,而实际上热沥青和水进行热量交换后得到的泡沫沥青温度低于发泡温度(发泡温度为160 ℃,用水量为1%时,得到的泡沫沥青的温度仅为146.8 ℃;用水量为2%时,得到的泡沫沥青的温度仅为134.1 ℃;用水量为4.89%时,得到的泡沫沥青的温度为100 ℃)。可储存式沥青发泡设备将水和沥青的共混物在压力发泡罐中加热到发泡温度后再释放,水与沥青不再进行热量交换,泡沫沥青的温度等于发泡温度。因此,发泡用水量为1%～2%时,假设可储存式发泡设备的有效用水率与传统发泡设备相等,可储存式发泡设备的发泡温度比传统设备的发泡温度低13.2～25.9 ℃。

试验结果还表明,随着搅拌时间的增加,泡沫沥青的半衰期普遍增加,其原因可能是气泡被分散得更多更小。搅拌至90 min左右,泡沫沥青的膨胀率和半衰期趋于稳定。

参考初步试验结果,接下来将进行具体的系统试验。进行系统试验之前,需要先拟定试验条件(温度、用水量、压强、搅拌时间)的取值范围,并对取值的原因进行阐述。

1) 拟定发泡温度范围

文献调研的结果表明,传统发泡设备基质沥青、SBS改性沥青、橡胶改性沥青的发泡温度范围分别为140～170 ℃、150～180 ℃、160～190 ℃。考虑到用水量在1%～2%时,传统工艺得到的泡沫沥青温度比发泡温度低13.2～25.9 ℃,因此,本书中采用的可储存式沥青发泡设备的发泡温度范围比传统发泡设备低20～30 ℃,即基质沥青为110～150 ℃,SBS改性沥青为120～160 ℃,橡胶改性沥青为130～170 ℃。

2) 拟定发泡用水量范围

可储存式沥青发泡设备的有效用水量应该比传统设备的高。参考表3-1,基于传统设备的三种沥青的发泡用水量普遍为1%~3%。综合考虑膨胀率、半衰期,采用2.0%用水量的基质沥青发泡效果并不比采用1.5%用水量的发泡效果好,采用2.5%用水量的改性沥青发泡效果并不比采用2.0%用水量的发泡效果好,两者都不适宜再增加用水量。因此,将用水量限定为1.5%和2.0%。

3) 拟定发泡压强范围

压强的选取取决于饱和蒸汽压。温度升高,水的蒸汽压升高。当水的蒸汽压大于环境压力时,水分挥发、逃逸。因此,只有当压力发泡罐内的压力大于水的饱和蒸汽压时,才能将水"禁锢"在罐内。水在不同温度下的饱和蒸汽压如表3-2所示。

表3-2 水的饱和蒸汽压

温度/℃	饱和蒸汽压/kPa	温度/℃	饱和蒸汽压/kPa	温度/℃	饱和蒸汽压/kPa	温度/℃	饱和蒸汽压/kPa
100	101.32	125	232.01	150	475.72	175	891.80
101	104.99	126	239.24	151	488.61	176	913.03
102	108.77	127	246.66	152	501.78	177	934.64
103	112.66	128	254.25	153	515.23	178	956.66
104	116.67	129	262.04	154	528.96	179	979.09
105	120.79	130	270.02	155	542.99	180	1 001.9
106	125.03	131	278.20	156	557.32	181	1 025.2
107	129.39	132	286.57	157	571.94	182	1 048.9
108	133.88	133	295.15	158	586.87	183	1 073.0
109	138.50	134	303.93	159	602.11	184	1 097.5
110	143.24	135	312.93	160	617.66	185	1 122.5
111	148.12	136	322.14	161	633.53	186	1 147.9
112	153.13	137	331.57	162	649.73	187	1 173.8
113	158.29	138	341.22	163	666.25	188	1 200.1
114	163.58	139	351.09	164	683.10	189	1 226.1
115	169.02	140	361.19	165	700.29	190	1 254.2
116	174.61	141	371.53	166	717.83	191	1 281.9
117	180.34	142	382.11	167	735.70	192	1 310.1
118	186.23	143	392.92	168	753.94	193	1 338.8
119	192.28	144	403.98	169	772.52	194	1 368.0
120	198.48	145	415.29	170	791.47	195	1 397.6
121	204.85	146	426.85	171	810.78	196	1 427.8
122	211.38	147	438.67	172	830.47	197	1 458.5
123	218.09	148	450.75	173	850.53	198	1 489.7
124	224.96	149	463.10	174	870.98	199	1 521.4

拟定的三种沥青的发泡温度范围为基质沥青110~150 ℃,SBS改性沥青120~160 ℃,

橡胶改性沥青 130～170 ℃,110 ℃、120 ℃、130 ℃对应的饱和蒸汽压分别为 0.14 MPa、0.20 MPa、0.27 MPa,因此压力发泡罐的压强必须分别大于 0.14 MPa、0.20 MPa、0.27 MPa。但是,考虑到设备的特性,使沥青从压力发泡罐内喷出所需的最小压强为 0.40 MPa(厂家提供的技术条件),因此沥青试验的最小压强必须不小于 0.40 MPa。三种沥青的最高发泡温度 150 ℃、160 ℃、170 ℃对应的饱和蒸汽压分别为 0.48 MPa、0.62 MPa、0.79 MPa,因此,当发泡温度分别取 150 ℃、160 ℃、170 ℃时,压力发泡罐的压强必须分别大于 0.48 MPa、0.62 MPa、0.79 MPa。同时,考虑到试验装置气管的最大承压能力为 1 MPa,因此试验的最大压强必须小于 1 MPa。

综合上述考虑,拟定基质沥青的发泡压强为 0.40 MPa、0.55 MPa、0.70 MPa,SBS 改性沥青和橡胶改性沥青的发泡压强为 0.55 MPa、0.70 MPa、0.85 MPa。

4) 拟定发泡搅拌时间

将加入水的沥青搅拌 90 min 后,生产出的泡沫沥青的膨胀率、半衰期趋于稳定,说明此时水在沥青中的分布已经足够均匀。因此在系统试验中,至少应保证沥青与水的共混物搅拌 90 min 后再对其进行发泡试验。

3.3.2 系统试验和最佳发泡条件的确定

根据上述拟定的发泡温度、用水量、压强范围,对 SBS I-C 改性沥青、70S0 橡胶改性沥青和加德士#70 基质沥青进行系统的发泡试验,以确定最佳发泡条件。

将沥青与水的共混物在压力发泡罐中搅拌 90 min 后开始测试,每个测试温度下均恒温 15～20 min 后,测试泡沫沥青的膨胀率、半衰期,改变压强保持 20 min 后再进行测试。

以 SBS I-C 改性沥青为例,其 1.5%用水量的测试流程如下:先在 0.85 MPa、160 ℃条件下搅拌至少 90 min 后,在 130～170 ℃条件下进行测试;再降低压强至 0.70 MPa 搅拌 20 min,在 130～160 ℃条件下进行测试;最后降低压强至 0.55 MPa 搅拌 20 min,在 130～150 ℃条件下进行测试。

本书用于评价沥青发泡性能的参数为膨胀率、半衰期、发泡指数,试验结果如表 3-3 至表 3-20 所示。设定放料量是指在设备控制面板中输入的释放沥青的质量,但实际出料量比设定值多,因为沥青有一定的流动速度,且系统控制的阀门关闭有一定的滞后性。实际多喷出的沥青质量与设备的温度、压强有关。

实测最大膨胀率 ER_m 是根据喷射结束后,桶内泡沫沥青的最大高度计算得出的,而喷射需要数秒,实际上在喷射时泡沫沥青已经开始衰减和破灭了,因此泡沫沥青的实际最大膨胀率 ER_a 比实测最大膨胀率 ER_m 要大,实际最大膨胀率 ER_a 的计算公式为:

$$ER_a = \frac{\left(ER_m \cdot \dfrac{\ln 2}{\tau_{1/2}} \cdot t_s\right)}{\left[1 - \exp\left(-\dfrac{\ln 2}{\tau_{1/2}} \cdot t_s\right)\right]} \tag{3-1}$$

第三章 泡沫沥青最佳发泡条件研究

发泡指数 FI 的计算公式为：

$$FI=-\frac{\tau_{1/2}}{\ln 2}\left[4-ER_m-4\ln\left(\frac{4}{ER_m}\right)\right]+\left(\frac{1+c}{2c}\right)\cdot ER_m \cdot t_s \qquad (3-2)$$

式中，$\tau_{1/2}$ 为半衰期（单位：s），ER_m 为实测最大膨胀率，c 为实测最大膨胀率与实际最大膨胀率的比值，t_s 为喷射时间（单位：s）。

三种沥青的发泡数据如下所示：

1) SBS I-C 改性沥青

采用 SBS I-C 改性沥青，在 1.5% 和 2.0% 的用水量下，测试其在 120～160 ℃（以 10 ℃ 为温度梯度）、不同压强（0.55 MPa、0.70 MPa、0.85 MPa）条件下的膨胀率、半衰期，结果如表 3-3 至表 3-8 所示。

表 3-3 SBS I-C 在用水量 1.5%、压强 0.55 MPa 条件下的发泡测试结果

温度 /℃	压强 /MPa	设定放料量/g	实际出料量/g	H_{max} /cm	ER_m	$\tau_{1/2}$ /s	t_s /s	ER_a	c	FI
120	0.55	150	173	6.1	7.5	44	18	8.6	0.871	138.5
130	0.55	200	245	10.2	8.9	35	17	10.5	0.849	167.8
140	0.55	150	175	8.0	9.7	33	14	11.2	0.866	178.1
150	0.55	100	145	8.0	11.8	20	5	12.8	0.918	131.1

表 3-4 SBS I-C 在用水量 1.5%、压强 0.70 MPa 条件下的发泡测试结果

温度 /℃	压强 /MPa	设定放料量/g	实际出料量/g	H_{max} /cm	ER_m	$\tau_{1/2}$ /s	t_s /s	ER_a	c	FI
120	0.70	150	163	6.8	8.9	33	13	10.2	0.875	144.2
130	0.70	150	170	8.6	10.8	27	8	11.9	0.904	156.4
140	0.70	150	193	11.2	12.4	19	5	13.5	0.914	138.8
150	0.70	100	153	9.2	12.8	16	4	14.0	0.918	123.4
160	0.70	100	153	10.5	14.6	16	3	15.6	0.938	148.9

表 3-5 SBS I-C 在用水量 1.5%、压强 0.85 MPa 条件下的发泡测试结果

温度 /℃	压强 /MPa	设定放料量/g	实际出料量/g	H_{max} /cm	ER_m	$\tau_{1/2}$ /s	t_s /s	ER_a	c	FI
120	0.85	100	146	6.6	9.6	37	12	10.8	0.896	176.3
130	0.85	150	192	9.8	10.9	33	7	11.7	0.930	178.3
140	0.85	150	196	12.5	13.6	27	4	14.3	0.950	212.1
150	0.85	100	135	9.4	14.8	26	4	15.6	0.949	241.5
160	0.85	100	168	11.0	14.0	14	3	15.0	0.929	122.4

表 3-6　SBS I-C 在用水量 2.0%、压强 0.55 MPa 条件下的发泡测试结果

温度/℃	压强/MPa	设定放料量/g	实际出料量/g	H_{max}/cm	ER_m	$\tau_{1/2}$/s	t_s/s	ER_a	c	FI
120	0.55	150	178	7.1	8.5	51	19	9.6	0.881	198.4
130	0.55	150	209	10.0	10.2	43	19	11.8	0.861	257.3
140	0.55	150	233	11.7	10.7	39	17	12.4	0.863	253.9
150	0.55	100	132	8.7	14.0	18	5	15.4	0.910	167.8

表 3-7　SBS I-C 在用水量 2.0%、压强 0.70 MPa 条件下的发泡测试结果

温度/℃	压强/MPa	设定放料量/g	实际出料量/g	H_{max}/cm	ER_m	$\tau_{1/2}$/s	t_s/s	ER_a	c	FI
120	0.70	150	184	8.0	9.3	36	14	10.6	0.877	170.0
130	0.70	150	185	9.2	10.6	34	9	11.6	0.914	184.3
140	0.70	150	194	10.5	11.5	13	5	13.1	0.878	92.9
150	0.70	100	157	9.1	12.4	15	5	13.2	0.934	103.1
160	0.70	100	174	11.2	13.7	9	3	15.4	0.893	84.1

表 3-8　SBS I-C 在用水量 2.0%、压强 0.85 MPa 条件下的发泡测试结果

温度/℃	压强/MPa	设定放料量/g	实际出料量/g	H_{max}/cm	ER_m	$\tau_{1/2}$/s	t_s/s	ER_a	c	FI
120	0.85	150	172	7.5	9.3	32	8	10.1	0.918	129.5
130	0.85	150	178	10.7	12.8	27	8	14.2	0.904	216.7
140	0.85	150	191	13.8	15.4	20	5	16.8	0.918	214.1
150	0.85	100	149	13.2	18.9	12	3	20.6	0.918	179.9
160	0.85	100	186	14.0	16.0	9	2	17.3	0.927	101.2

从发泡结果可以看出，除极个别（发泡温度 120 ℃）情况外，其他所有发泡条件的实际膨胀率均大于 10。发泡指数 FI 融合了膨胀率和半衰期，是一个综合的指标。以发泡指数 FI 为主要评判指标，不同用水量、压强下最佳发泡温度多为 130～140 ℃，因此 SBS I-C 改性沥青的最佳发泡温度为 130～140 ℃。在此温度范围内，泡沫沥青的半衰期能达到 20 s 以上，较好的能达到 30 s 以上。

压强增加，普遍规律是膨胀率增大，半衰期减小，因此并不是压强越大越好或者越小越好，需要根据发泡的结果进行综合选取。

综合膨胀率、半衰期、发泡指数，选取的 SBS I-C 改性沥青的最佳发泡条件为：2.0% 用水量、130 ℃、0.85 MPa，2.0% 用水量、130 ℃、0.55 MPa 和 1.5% 用水量、140 ℃、0.55 MPa。

2) 70S0 橡胶改性沥青

采用 70S0 橡胶改性沥青,在 1.5% 和 2.0% 的用水量下,测试其在 130~170 ℃(以 10 ℃ 为温度梯度)、不同压强(0.55 MPa、0.70 MPa、0.85 MPa)条件下的膨胀率、半衰期,结果如表 3-9 至表 3-14 所示。

表 3-9 70S0 在用水量 1.5%、压强 0.55 MPa 条件下的发泡测试结果

温度/℃	压强/MPa	设定放料量/g	实际出料量/g	H_{max}/cm	ER_m	$\tau_{1/2}$/s	t_s/s	ER_a	c	FI
130	0.55	100	131	2.9	4.7	34	8.5	5.1	0.918	26.8
140	0.55	100	148	3.6	5.2	28	6.7	5.6	0.921	26.4
150	0.55	100	149	3.0	4.3	43	6.8	4.5	0.947	18.4

表 3-10 70S0 在用水量 1.5%、压强 0.70 MPa 条件下的发泡测试结果

温度/℃	压强/MPa	设定放料量/g	实际出料量/g	H_{max}/cm	ER_m	$\tau_{1/2}$/s	t_s/s	ER_a	c	FI
130	0.70	90	129	2.3	3.8	43	10.0	4.1	0.924	23.9
140	0.70	100	147	3.1	4.5	46	9.9	4.8	0.929	28.7
150	0.70	80	158	3.8	5.1	42	7.0	5.4	0.944	29.4
160	0.70	80	151	4.3	6.1	23	5.1	6.5	0.927	31.2

表 3-11 70S0 在用水量 1.5%、压强 0.85 MPa 条件下的发泡测试结果

温度/℃	压强/MPa	设定放料量/g	实际出料量/g	H_{max}/cm	ER_m	$\tau_{1/2}$/s	t_s/s	ER_a	c	FI
130	0.85	90	128	2.6	4.3	29	5.8	4.6	0.934	15.8
140	0.85	70	119	3.0	5.4	19	3.5	5.7	0.939	16.3
150	0.85	60	113	3.1	5.8	15	2.8	6.2	0.938	16.6
160	0.85	60	135	4.0	6.3	14	2.5	6.7	0.941	18.9
170	0.85	60	154	3.9	5.4	13	2.5	5.8	0.936	11.6

表 3-12 70S0 在用水量 2.0%、压强 0.55 MPa 条件下的发泡测试结果

温度/℃	压强/MPa	设定放料量/g	实际出料量/g	H_{max}/cm	ER_m	$\tau_{1/2}$/s	t_s/s	ER_a	c	FI
130	0.55	120	160	3.9	5.2	27	13.2	6.1	0.848	45.7
140	0.55	100	145	3.8	5.6	21	11.7	6.7	0.830	45.1
150	0.55	50	90	2.6	6.2	19	3.3	6.5	0.942	23.6

表3-13 70S0在用水量2.0%、压强0.70 MPa条件下的发泡测试结果

温度/℃	压强/MPa	设定放料量/g	实际出料量/g	H_{max}/cm	ER_m	$\tau_{1/2}$/s	t_s/s	ER_a	c	FI
130	0.70	100	122	2.4	4.2	21	11.0	5.0	0.839	27.8
140	0.70	100	147	3.4	4.9	20	10.2	5.9	0.842	32.1
150	0.70	100	149	4.8	6.9	19	6.0	7.6	0.898	42.6
160	0.70	90	143	5.0	7.5	17	4.8	8.2	0.908	43.7

表3-14 70S0在用水量2.0%、压强0.85 MPa条件下的发泡测试结果

温度/℃	压强/MPa	设定放料量/g	实际出料量/g	H_{max}/cm	ER_m	$\tau_{1/2}$/s	t_s/s	ER_a	c	FI
130	0.85	100	138	3.0	4.6	22	7.2	5.2	0.895	21.3
140	0.85	70	116	3.5	6.4	18	3.7	6.9	0.932	27.4
150	0.85	60	121	4.2	7.4	14	2.7	7.9	0.936	30.2
160	0.85	50	125	4.5	7.7	13	2.4	8.2	0.939	30.3
170	0.85	50	146	4.8	7.0	11	2.3	7.5	0.931	21.3

从发泡结果可以看出,70S0橡胶改性沥青发泡的膨胀率较SBS I-C改性沥青小了很多,半衰期也普遍小于SBS I-C改性沥青,最佳发泡指数FI在40~50之间,远小于SBS I-C改性沥青。因此,70S0橡胶改性沥青的发泡性能远不及SBS I-C改性沥青。

就膨胀率而言,在2.0%用水量、160 ℃条件下,70S0橡胶改性沥青的实际膨胀率可以大于8,半衰期为13~17 s。压强增加,普遍规律是膨胀率增大,半衰期减小,因此并不是压强越大越好或者越小越好,需要根据发泡的结果进行综合选取。出现的比较异常的数据是0.55 MPa下的130 ℃和140 ℃,在1.5%和2.0%用水量下发泡,它们的膨胀率都不太符合规律(膨胀率比0.70 MPa下相应温度的膨胀率还大),而半衰期也长。这在之前的很多次发泡试验中也有过类似的情况,推测其出现的原因是:刚加水进入压力发泡罐时,水分布在沥青液面的最顶端,搅拌扇叶的位置较低,造成最顶端沥青中的水没能够被搅拌均匀,最顶端的水分相对较多。而最顶端的沥青最后被释放出来,因此其膨胀率较大,结果并不能反映130 ℃、140 ℃下真正的发泡能力。

以发泡指数为主导参数,要求膨胀率大于7,得出70S0橡胶改性沥青的最佳发泡条件为:2.0%用水量、150 ℃、0.70 MPa,2.0%用水量、160 ℃、0.70 MPa,2.0%用水量、150 ℃、0.85 MPa。

3) 加德士#70基质沥青

采用加德士#70基质沥青,在1.5%和2.0%的用水量下,测试其在110~140 ℃(以10 ℃为温度梯度)、不同压强(0.40 MPa、0.55 MPa、0.70 MPa)条件下的膨胀率、半衰期,结果如

表 3-15 至表 3-20 所示。

表 3-15　加德士♯70 在用水量 1.5%、压强 0.40 MPa 条件下的发泡测试结果

温度/℃	压强/MPa	设定放料量/g	实际出料量/g	H_{max}/cm	ER_m	$\tau_{1/2}$/s	t_s/s	ER_a	c	FI
110	0.40	150	200	3.0	3.2	24	9.9	3.7	0.870	—
120	0.40	90	136	1.8	2.8	6	4.0	3.5	0.801	—
130	0.40	80	147	4.0	5.8	15	3.0	6.2	0.934	16.9
140	0.40	70	165	3.1	4.0	18	2.2	4.2	0.959	5.5

表 3-16　加德士♯70 在用水量 1.5%、压强 0.55 MPa 条件下的发泡测试结果

温度/℃	压强/MPa	设定放料量/g	实际出料量/g	H_{max}/cm	ER_m	$\tau_{1/2}$/s	t_s/s	ER_a	c	FI
110	0.55	100	135	2.7	4.3	21	2.9	4.5	0.954	7.8
120	0.55	90	139	3.4	5.2	19	4.0	5.8	0.930	16.5
130	0.55	70	139	3.7	5.7	36	2.6	5.8	0.975	22.9
140	0.55	60	156	4.2	5.7	13	2.2	6.1	0.944	12.9

表 3-17　加德士♯70 在用水量 1.5%、压强 0.70 MPa 条件下的发泡测试结果

温度/℃	压强/MPa	设定放料量/g	实际出料量/g	H_{max}/cm	ER_m	$\tau_{1/2}$/s	t_s/s	ER_a	c	FI
110	0.70	100	136	3.7	5.8	18	4.0	6.3	0.927	21.6
120	0.70	70	139	5.6	8.6	11	2.3	9.2	0.931	35.2
130	0.70	60	163	7.7	10.1	9	2.0	10.9	0.927	41.8
140	0.70	50	177	9.0	10.8	4	1.5	12.3	0.881	25.2

表 3-18　加德士♯70 在用水量 2.0%、压强 0.40 MPa 条件下的发泡测试结果

温度/℃	压强/MPa	设定放料量/g	实际出料量/g	H_{max}/cm	ER_m	$\tau_{1/2}$/s	t_s/s	ER_a	c	FI
110	0.40	90	135	2.2	3.5	32	8.6	3.8	0.912	20.6
120	0.40	100	146	5.3	7.7	19	5.4	8.5	0.908	53.4
130	0.40	90	148	5.0	7.2	13	4.0	8.0	0.901	32.1
140	0.40	70	144	6.0	8.9	9	2.9	9.9	0.896	36.1

表3-19 加德士♯70在用水量2.0%、压强0.55 MPa条件下的发泡测试结果

温度/℃	压强/MPa	设定放料量/g	实际出料量/g	H_{max}/cm	ER_m	$\tau_{1/2}$/s	t_s/s	ER_a	c	FI
110	0.55	90	115	2.3	4.3	17	5.1	4.7	0.903	13.4
120	0.55	90	147	6.9	10.0	12	3.1	10.9	0.916	57.4
130	0.55	50	130	7.1	11.6	6	2.0	13.0	0.893	41.7
140	0.55	50	157	9.5	12.9	5	1.8	14.6	0.885	42.8

表3-20 加德士♯70在用水量2.0%、压强0.70 MPa条件下的发泡测试结果

温度/℃	压强/MPa	设定放料量/g	实际出料量/g	H_{max}/cm	ER_m	$\tau_{1/2}$/s	t_s/s	ER_a	c	FI
110	0.70	100	144	3.5	5.2	16	6.3	5.9	0.875	22.4
120	0.70	70	137	5.9	9.2	12	2.9	10.0	0.921	46.8
130	0.70	70	155	7.5	10.3	7	2.0	11.4	0.907	36.7
140	0.70	50	152	9.0	12.6	3	1.8	15.4	0.818	29.5

从发泡结果可以看出,2.0%用水量的加德士♯70沥青发泡呈现很好的规律性,温度增加或压强增加时,膨胀率增大而半衰期减小。1.5%用水量、0.70 MPa条件下的数据呈现很好的规律性,而0.40 MPa/0.55 MPa下膨胀率大幅度减小,规律性比较一般,推测原因是在用水量较小,且压强较小的情况下,沥青没得到很好的膨胀(1.5%用水量下0.55 MPa可能是一个界限)。

以发泡指数为主导参数,要求膨胀率大于10,得出加德士♯70基质沥青的最佳发泡条件为:2.0%用水量、120 ℃、0.55 MPa和2.0%用水量、120 ℃、0.70 MPa。

4) 小结

通常情况下温度升高或用水量增加或压强增大,会造成膨胀率增大,半衰期减小。综合膨胀率、半衰期、发泡指数确定的三种沥青的最佳发泡条件为:

(1) SBS I-C改性沥青:2.0%用水量、130 ℃、0.85 MPa,2.0%用水量、130 ℃、0.55 MPa和1.5%用水量、140 ℃、0.55 MPa。

(2) 70S0橡胶改性沥青:2.0%用水量、150 ℃、0.70 MPa,2.0%用水量、160 ℃、0.70 MPa和2.0%用水量、150 ℃、0.85 MPa。

(3) 加德士♯70基质沥青:2.0%用水量、120 ℃、0.55 MPa和2.0%用水量、120 ℃、0.70 MPa。

3.3.3 膨胀率衰减曲线

在发泡试验中,对每一个发泡条件,都利用激光测距装置测得了沥青在不同时刻 $t_1,t_2,t_3\cdots$ 的沥青高度 $H_1,H_2,H_3\cdots$,换算出了不同时刻沥青的膨胀率 $ER_1,ER_2,ER_3\cdots$,我们将

其称为一组数据。通常情况每个发泡条件下都测试了5~7个时刻的沥青膨胀率,即每组数据有5~7个点,只有极少数试验的数据点不足5个。采用"非线性曲线拟合"对这些点进行拟合,得到沥青的"膨胀率-时间"的变化曲线,我们将其称为膨胀率衰减曲线。对 Origin"非线性曲线拟合"中所有类别的函数进行尝试,发现"DoseResp"最能反映沥青的膨胀率随时间的变化规律,拟合精度最高。

DoseResp 是一个典型的生长函数,常被用来描述细菌的增长,其本质是 S 形曲线,函数如式(3-3)所示。描述泡沫沥青衰减曲线的 DoseResp 函数图像如图 3-8 所示。

$$ER = A_1 + \frac{A_2 - A_1}{1 + 10^{(\lg x_0 - t)p}} \tag{3-3}$$

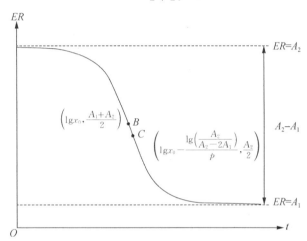

图 3-8 描述泡沫沥青衰减曲线的 **DoseResp** 函数图像

图像的横坐标是时间 t(从沥青刚喷出开始计时),纵坐标是沥青的实时膨胀率 ER。其中 $y=A_1$ 是曲线的底部渐近线,$y=A_2$ 是曲线的顶部渐近线。A_2 是 $t=0$ 时沥青的膨胀率(即实测最大膨胀率),A_1 是 $t=+\infty$ 时沥青的膨胀率。$\lg x_0$ 是曲线拐点 B 的横坐标,拐点 B 的纵坐标为$(A_1+A_2)/2$。需要注意的是,拐点并不意味着沥青达到半衰期,因为拐点是曲线的中心对称点,膨胀率较最大时减少了$(A_1+A_2)/2$,而半衰期是膨胀率减少 $A_2/2$ 的时刻。通过计算,得出半衰期点 C 的坐标为:

$$\left[\lg x_0 - \frac{\lg\left(\dfrac{A_2}{A_2-2A_1}\right)}{p}, \frac{A_2}{2}\right] \tag{3-4}$$

式中,p 表示曲线的斜率,在本模型中 p 恒为负。p 的绝对值越小,曲线越缓,沥青的半衰期越长;$\lg x_0$ 越大,拐点的横坐标越大,半衰期越长。

该函数准确地描述了试验所得的泡沫沥青的衰减规律,沥青刚喷出时膨胀率达到最大,膨胀率 $ER_0=A_2$,保持几秒后突然迅速"坍塌",膨胀率的衰减非常快。到达一定程度后速度又逐渐降低,直到趋近于0,这是因为受环境温度的影响,沥青与大气发生热交换,沥青温度持续降低,逐渐开始凝固,水分散失也变得非常慢。沥青完全凝固时,其内部还有残余的水分和气体,因此 $t=+\infty$ 时沥青的膨胀率 $ER_{+\infty}=A_1>1$。相比于众多的研究(将泡沫沥青的衰减视作指数函数),本模型更能准确地反映实际的泡沫沥青衰减规律。

泡沫沥青的半衰期 $\tau_{1/2}$ 可以通过下式求得:

$$\tau_{1/2}=\lg x_0-\frac{\lg\left(\dfrac{A_2}{A_2-2A_1}\right)}{p} \quad (3-5)$$

三种泡沫沥青(70S0 橡胶改性沥青、SBS I-C 改性沥青、加德士♯70 基质沥青)的拟合结果如表 3-21 至表 3-26 所示。

表 3-21 70S0 1.5%用水量拟合结果

压强	温度	A_1	A_2	$\lg x_0$	p	$\tau_{1/2}/\mathrm{s}$	R^2
0.55 MPa	130 ℃	1.284	4.699	31.769	−0.120	34.6	0.999
	140 ℃	1.959	5.187	22.089	−0.177	25.6	1.000
	150 ℃	1.464	4.301	35.417	−0.063	43.3	0.994
0.70 MPa	130 ℃	1.894	4.019	20.671	−0.049	46.0	0.995
	140 ℃	1.427	4.495	39.310	−0.109	43.3	1.000
	150 ℃	1.739	5.122	39.676	−0.092	45.0	0.988
	160 ℃	1.399	6.073	20.992	−0.186	22.4	1.000
0.85 MPa	130 ℃	1.130	4.329	27.984	−0.189	29.7	1.000
	140 ℃	1.361	5.361	17.836	−0.148	19.9	0.978
	150 ℃	1.640	5.866	13.903	−0.288	15.1	0.990
	160 ℃	1.543	6.664	10.652	−0.130	12.7	0.981
	170 ℃	1.800	5.409	10.019	−0.341	11.4	1.000

表 3-22 70S0 2.0%用水量拟合结果

压强	温度	A_1	A_2	$\lg x_0$	p	$\tau_{1/2}/\mathrm{s}$	R^2
0.55 MPa	130 ℃	1.194	6.285	16.361	−0.039	21.7	0.992
	140 ℃	1.539	6.161	16.147	−0.063	20.9	0.906
	150 ℃	1.296	6.580	13.753	−0.101	15.9	0.959
0.70 MPa	130 ℃	1.006	4.501	15.016	−0.075	18.4	0.971
	140 ℃	2.030	4.929	12.571	−0.194	16.5	0.945
	150 ℃	2.074	7.080	14.553	−0.120	17.7	0.987
	160 ℃	1.781	7.262	16.914	−0.388	17.7	0.983

续表 3-22

压强	温度	A_1	A_2	$\lg x_0$	p	$\tau_{1/2}/s$	R^2
0.85 MPa	130 ℃	1.699	4.633	21.189	−0.204	24.0	0.953
	140 ℃	1.943	6.472	16.573	−0.144	19.3	1.000
	150 ℃	2.642	7.398	11.211	−0.312	13.0	0.992
	160 ℃	2.387	7.673	10.384	−0.344	11.6	0.995
	170 ℃	2.016	7.081	10.208	−0.242	11.7	0.998

表 3-23 SBS I-C 1.5%用水量拟合结果

压强	温度	A_1	A_2	$\lg x_0$	p	$\tau_{1/2}/s$	R^2
0.55 MPa	120 ℃	1.198	7.855	41.942	−0.037	46.2	0.994
	130 ℃	1.090	9.053	29.333	−0.060	31.3	0.997
	140 ℃	1.920	9.959	31.001	−0.087	33.4	0.983
	150 ℃	2.744	11.774	18.709	−0.144	20.6	0.999
0.70 MPa	120 ℃	1.281	9.663	27.661	−0.040	31.0	0.992
	130 ℃	1.480	11.216	24.441	−0.073	26.3	0.993
	140 ℃	2.526	12.653	16.806	−0.160	18.2	0.990
	150 ℃	2.925	12.816	12.760	−0.290	13.7	0.995
	160 ℃	3.633	14.840	13.623	−0.182	15.2	0.982
0.85 MPa	120 ℃	2.457	10.391	28.695	−0.038	36.1	0.981
	130 ℃	2.997	10.878	31.665	−0.114	34.7	0.988
	140 ℃	2.037	13.864	23.311	−0.085	25.1	0.992
	150 ℃	1.903	15.034	22.427	−0.077	24.1	0.990
	160 ℃	2.431	14.285	12.390	−0.172	13.4	0.983

表 3-24 SBS I-C 2.0%用水量拟合结果

压强	温度	A_1	A_2	$\lg x_0$	p	$\tau_{1/2}/s$	R^2
0.55 MPa	120 ℃	2.177	9.063	42.145	−0.029	51.8	0.979
	130 ℃	2.292	10.691	40.089	−0.033	47.5	0.997
	140 ℃	1.648	11.178	35.086	−0.045	38.5	0.985
	150 ℃	2.745	14.047	16.716	−0.159	18.1	0.953

续表 3-24

压强	温度	A_1	A_2	$\lg x_0$	p	$\tau_{1/2}/\mathrm{s}$	R^2
0.70 MPa	120 ℃	2.018	9.338	34.152	−0.065	37.9	0.999
	130 ℃	2.226	10.739	32.468	−0.056	36.6	0.997
	140 ℃	2.310	11.751	20.745	−0.114	22.6	0.995
	150 ℃	3.408	12.390	13.026	−0.320	14.1	0.995
	160 ℃	2.510	13.742	9.993	−0.569	10.3	0.951
0.85 MPa	120 ℃	1.813	8.725	27.200	−0.112	29.3	0.981
	130 ℃	2.714	12.985	24.217	−0.083	27.1	0.998
	140 ℃	3.733	15.353	18.106	−0.178	19.7	0.998
	150 ℃	3.447	19.305	11.648	−0.194	12.6	0.995
	160 ℃	3.747	15.223	5.706	−0.310	6.7	0.795

表 3-25 加德士♯70 1.5%用水量拟合结果

压强	温度	A_1	A_2	$\lg x_0$	p	$\tau_{1/2}/\mathrm{s}$	R^2
0.40 MPa	110 ℃	1.492	3.197	12.533	−0.200	18.4	0.951
	120 ℃	1.200	2.821	6.301	−0.515	7.9	0.989
	130 ℃	1.797	5.806	12.663	−0.217	14.6	1.000
	140 ℃	1.163	4.004	12.987	−0.250	14.5	0.913
0.55 MPa	110 ℃	1.894	4.263	16.667	−0.216	21.1	0.918
	120 ℃	1.525	5.243	16.342	−0.169	18.6	0.999
	130 ℃	2.760	5.673	29.187	−0.136	40.7	0.989
	140 ℃	2.049	5.738	7.983	−0.250	10.2	0.955
0.70 MPa	110 ℃	1.260	5.804	15.720	−0.243	16.7	0.999
	120 ℃	2.240	8.631	9.365	−0.253	10.6	0.999
	130 ℃	3.007	10.068	6.084	−0.438	7.0	0.981
	140 ℃	3.500	10.837	2.610	−0.833	3.2	0.949

表 3-26 加德士♯70 2.0%用水量拟合结果

压强	温度	A_1	A_2	$\lg x_0$	p	$\tau_{1/2}/\mathrm{s}$	R^2
0.40 MPa	110 ℃	1.222	3.542	25.230	−0.086	31.2	0.972
	120 ℃	1.699	7.777	12.894	−0.250	13.9	0.999
	130 ℃	1.860	7.283	11.420	−0.228	12.8	0.998
	140 ℃	2.500	8.880	6.946	−0.417	7.8	0.997

续表 3-26

压强	温度	A_1	A_2	$\lg x_0$	p	$\tau_{1/2}/s$	R^2
0.55 MPa	110 ℃	1.297	4.263	16.236	−0.270	17.7	0.920
	120 ℃	1.482	10.106	11.953	−0.196	12.7	0.998
	130 ℃	1.967	11.640	4.802	−0.435	5.2	0.893
	140 ℃	3.937	12.896	4.345	−0.575	5.1	0.949
0.70 MPa	110 ℃	2.072	5.180	13.406	−0.298	15.7	0.988
	120 ℃	1.551	9.524	10.700	−0.162	11.8	0.988
	130 ℃	3.575	10.313	6.596	−0.556	7.5	0.984
	140 ℃	3.500	12.619	2.349	−1.250	2.6	0.997

可以看出,绝大多数数据的拟合情况都非常好,一共 76 组数据,$R^2 \geqslant 0.99$ 的有 40 组,占 52.6%;$R^2 \geqslant 0.95$ 的有 67 组,占 88.2%;$R^2 \geqslant 0.90$ 的有 74 组,占 97.4%;0.80~0.90 和 0.70~0.80 的仅各有 1 组,各占 1.3%。鉴于 R^2 在 [0.70, 0.90] 区间的组数极少,仅为个例,其来源极大可能是由于测量误差,并不具有代表性。因此,仅在具有代表性的 [0.90, 1.00] 区间内从大到小随机取 4 组拟合结果,绘制函数图像,如图 3-9 所示。图像中的实心点为实测数据,曲线为拟合函数的图像。

A_2 代表拟合曲线的最大膨胀率,$\tau_{1/2}$ 代表拟合曲线的半衰期。表 3-3 至表 3-20 中的实测最大膨胀率是根据试验时实际测得的沥青最大高度计算得出的,而拟合曲线在 $x=0$ 时的纵坐标并不一定与原始数据($t=0$ 时的膨胀率)一样,最大膨胀率的差异也造成了拟合曲线与实测结果半衰期的差异。但总体来说,A_2、$\tau_{1/2}$ 与表 3-3 至表 3-20 中实测最大膨胀率、半衰期的一致性很强,差异较小,这说明了拟合的准确性较高。

分析拟合的各参数,可以得出 A_1、A_2 和 $|p|$ 普遍随着发泡温度、压强、用水量的升高而升高,这说明提高发泡温度、压强、用水量不仅可以提高沥青的最大膨胀率,而且在 $t=+\infty$ 时泡沫沥青中残余的水分和气体也会随之增加;发泡曲线随着发泡温度、压强、用水量的升高变得更加陡峭,这也是半衰期降低的主要原因。

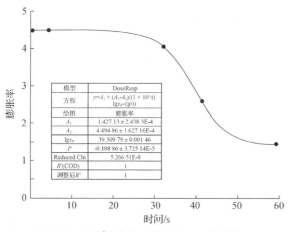

(a) 70S0 1.5%用水量,0.70 MPa,140 ℃,$R^2=1$

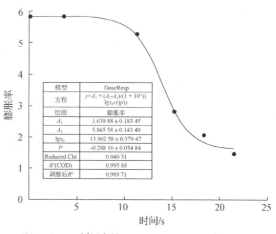

(b) 70S0 1.5%用水量,0.85 MPa,150 ℃,$R^2=0.990$

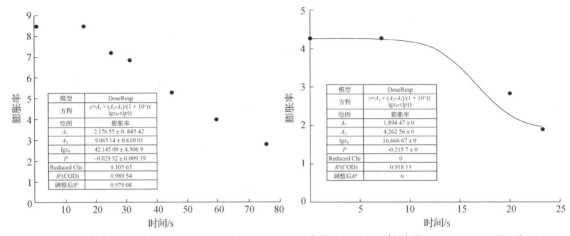

(c) SBS I-C 2.0%用水量,0.55 MPa,120 ℃,$R^2=0.979$ (d) 加德士#70 1.5%用水量,0.55 MPa,110 ℃,$R^2=0.918$

图 3-9 随机选取的拟合结果($R^2 \in [0.90, 1.00]$)

3.4 抗车辙改性沥青、高黏改性沥青最佳发泡条件的确定

上一节我们对工程中最常用的三种沥青(基质沥青、SBS 改性沥青、橡胶改性沥青)进行了全面的发泡试验,包括了沥青发泡试验的完整流程,即初步试验和系统试验,进而确定了三种沥青的最佳发泡条件。在本节中,我们将对工程中另外两种常用的沥青(抗车辙改性沥青、高黏改性沥青)进行发泡试验,测试发泡性能,并确定各自的最佳发泡条件。

上一节的试验结果可得出通常黏度越大的沥青,所需发泡温度越高,这也符合普遍认知。在实际工程中,我们可能没有足够的时间对每一种沥青都进行全面而系统的发泡试验。因此,在本节中,提出了一种快速确定沥青最佳发泡条件的方法,即通过黏度直接确定沥青的最佳发泡温度,从而降低了试验的维度(自变量只有用水量、压强),大大地减少了试验量,并用该种方法确定了抗车辙改性沥青、高黏改性沥青的最佳发泡条件。

3.4.1 抗车辙剂的选取

从四个不同的来源,选取了五种抗车辙剂,编号分别为 SP01、SP02、DG01、M103、Honeywell,分别制样并测试改性沥青的性能。

1) SP01、SP02 抗车辙剂

图 3-10 为两种抗车辙剂的外观示意图,SP01 抗车辙剂呈乌黑、大颗粒状,SP02 色泽更加乌黑,呈圆形小颗粒状,这两种抗车辙剂来自同一个厂家。往基质沥青中分别掺加这两种抗车辙剂进行制样(掺量由内掺法计算),并测试沥青的基本性能。

制样时用到的仪器有数显电热套、IKA© RW20 Digital 搅拌器和 FLUKO FM300 剪切器,如图 3-11 所示。制样有两种方式,分别是纯搅拌和先剪切后搅拌,制样后对所制沥青进行基本性能测试,如表 3-27 和表 3-28 所示。

(a) SP01

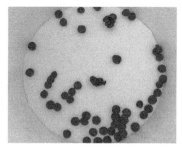
(b) SP02

图 3‑10　抗车辙剂

(a) IKA©RW20 Digital 搅拌装置

(b) FLUKO FM300 剪切装置

图 3‑11　制样仪器

表 3‑27　掺加 SP01 抗车辙剂的沥青性能

种类	加德士♯70+2.9%SP01		加德士♯70+5.7%SP01			加德士♯70+7.4%SP01
制样方式	175℃、1 500 r/min 搅拌 1 h	175℃、1 500 r/min 搅拌 2 h	180℃、4 500 r/min 剪切 1 h	剪切后搅拌 0.5 h	剪切后搅拌 1 h	175℃、1 600 r/min 搅拌 40 min，再 2 000 r/min 搅拌 2 h
针入度 (25℃,100 g, 5 s)/0.1 mm	50	52	40	—	30	34
软化点 (R&B)/℃	50.8	50.8	55.0	54.2	56.2	58.2
延度(5 cm/min, 10℃)/cm	9.5	10.0	—	—	4.2	4.6

表 3-28　掺加 SP02 抗车辙剂的沥青性能

种类	加德士♯70+7.4%SP02					
制样方式	190 ℃剪切 1 h	剪切后，再 165 ℃、1 600 r/min 搅拌 1 h	175 ℃、1 600 r/min 搅拌 35 min	175 ℃、1 600 r/min 搅拌 40 min	175 ℃、1 600 r/min 搅拌 1 h	175 ℃、2 000 r/min 搅拌 2 h
针入度 (25 ℃,100 g, 5 s)/0.1 mm	25	40	—	—	—	—
软化点 (R&B)/℃	—	57.3	63.3	65.0	64.5	68.9

无论是 SP01 还是 SP02 抗车辙剂，在剪切或者搅拌过程中(175 ℃)，沥青表面均呈现出光滑的形态，如图 3-12 所示，但当剪切或搅拌完成后稍加冷却，沥青表面都不光滑，有类似结皮的现象，疑似抗车辙剂颗粒发生了离析，如图 3-13 所示。

(a) SP01　　　　　　　　　　(b) SP02

图 3-12　刚制样完成时的沥青状态

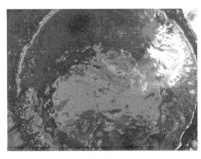 

(a) SP01　　　　　　　　　　(b) SP02

图 3-13　制样完成后稍加冷却的沥青状态

这两种抗车辙剂与沥青的相容性都不大好，稍微冷却后便出现结皮的现象，且所制得的沥青的软化点普遍较低，7.4%的掺量下软化点也仅为 60 ℃左右(实际生产中搅拌时间不可能太长，费时且沥青易老化)。

2) DG01抗车辙剂

相比于前两种抗车辙剂在剪切及搅拌后冷却,表面均会有颗粒析出,DG01抗车辙剂(图3-14)只需要搅拌较短时间,便能达到均匀且不析出的效果,且冷却后表面光滑,只有均匀分布的微小点状小颗粒浮于表面(图3-15)。

图3-14 DG01抗车辙剂

图3-15 DG01制样(完全冷却)

掺加DG01抗车辙剂的沥青性能如表3-29所示。

表3-29 掺加DG01抗车辙剂的沥青性能

种类	加德士♯70+6%DG01	加德士♯70+6.5%DG01
制作方式	175 ℃、1 500 r/min搅拌1 h	
针入度(25 ℃,100 g,5 s)/0.1 mm	37	25
软化点(R&B)/℃	64.2	68.2
延度(5 cm/min)/cm	8.0(10 ℃)	6.0(15 ℃)

3) M103抗车辙剂

M103抗车辙剂呈黑色长条状(图3-16)。在180 ℃下,先3 500 r/min剪切1 h,再1 500 r/min搅拌1 h,稍加冷却仍会出现结皮的现象(图3-17)。掺加6%M103抗车辙剂的沥青在冷却后表面非常硬,针入度很低(只有1.6 mm)。不同掺量下的加德士♯70沥青的性能如表3-30所示。

图3-16 M103抗车辙剂

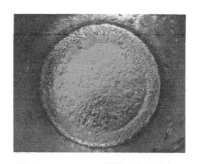
图3-17 M103制样(稍加冷却)

表 3-30 掺加 M103 抗车辙剂的沥青性能

种类	加德士#70+4.4%M103	加德士#70+6.0%M103
制样方式	185 ℃、3 500 r/min 剪切 1 h,再 1 500 r/min 搅拌 1 h	
针入度(25 ℃,100 g,5 s)/0.1 mm	30	16
软化点(R&B)/℃	63.8	82.5
延度(5 cm/min,10 ℃)/cm	5.9	4.5

由测试结果可知,掺加 6%M103 抗车辙剂的基质沥青其高温性能较好,软化点达到了 82.5 ℃,比前面的三种抗车辙剂都好。因此,M103 是较理想的抗车辙剂。

4) Honeywell 抗车辙剂

Honeywell 抗车辙剂呈白色粉末状,用于高模量路面,也兼具抗车辙的效果,如图 3-18 所示。

图 3-18 Honeywell 抗车辙剂

Honeywell 抗车辙剂是粉末状,直接加入沥青在 150～160 ℃下搅拌 45 min 即可。其不同掺量的沥青性能如表 3-31 所示。

表 3-31 掺加 Honeywell 抗车辙剂的沥青性能

种类	加德士#70+3% Honeywell	加德士#70+5% Honeywell	加德士#70+6% Honeywell	加德士#70+7% Honeywell
制作方式	150～160 ℃、1 500 r/min 搅拌 45 min			
针入度(25 ℃,100 g,5 s)/0.1 mm	41	37	33	28
软化点(R&B)/℃	76.7	99.6	>100	>100
延度(5 cm/min,10 ℃)/cm	8.9	7.5	7.0	0.8

由表 3-31 可知在基质沥青中掺加 3%的 Honeywell 抗车辙剂时,软化点就已经得到了明显的提高(提高了 30 ℃),当掺量再提高 3%(达到 6%)时,其软化点大于 100 ℃,增幅依旧可观。掺加 3%～6% Honeywell 抗车辙剂的沥青其低温延展性能并没有明显的区别,而

当掺量达到7%时,延度发生了极大的下滑。因此,从沥青性能的角度来说,Honeywell的最佳掺量应为5%~6%。掺加Honeywell抗车辙剂的沥青制样容易,软化点高,且不会出现离析现象,因此Honeywell是很理想的抗车辙剂。

3.4.2 基于黏度确定改性沥青最佳发泡温度的方法

沥青和改性剂的种类都有很多种,改性沥青(沥青和改性剂的组合)的种类就更多。确定不同种类沥青的最佳发泡条件需要大量的试验及时间。因此,本书提出一种通过黏度快速确定改性沥青最佳发泡温度的方法,其核心思想是认为沥青的最佳发泡温度与其黏度有关,黏度越大,需要的发泡温度就越高。通过最常见的两种改性沥青——SBS和橡胶改性沥青的黏度和最佳发泡温度,推算出待测改性沥青大致的最佳发泡温度范围。该方法是一种近似的方法,但结果却有较高的可靠性,其原因是沥青的最佳发泡温度通常为一个范围(跨度通常为10~20 ℃),而不是一个具体的值。该方法的实现步骤为:

(1) 以膨胀率和半衰期为指标,查阅该设备先前通过发泡试验确定的SBS改性沥青和橡胶改性沥青的最佳发泡温度T_{SBS}和T_{RUB}。若没有现成的发泡记录,则需首先通过发泡试验确定这两种沥青的最佳发泡温度T_{SBS}和T_{RUB},以标定设备。

(2) 测定用于标定的SBS改性沥青和橡胶改性沥青原样在各自最佳发泡温度下的黏度η_{SBS}和η_{RUB}。若SBS改性沥青或橡胶改性沥青的最佳发泡温度是一个范围$T_a \sim T_b$,对应的黏度为$\eta_b \sim \eta_a$,则该沥青最佳发泡温度下的黏度(后文简称为"最佳发泡黏度")取为$(\eta_b + \eta_a)/2$。若$\eta_{SBS} < \eta_{RUB}$,即可得出该设备发泡改性沥青的最佳黏度范围为$\eta_{SBS} \sim \eta_{RUB}$;若$\eta_{SBS} > \eta_{RUB}$,则最佳黏度范围为$\eta_{RUB} \sim \eta_{SBS}$。

(3) 对于任意一种待测的发泡温度未知的改性沥青,对其沥青原样进行黏度试验,获取其在黏度测试温度区间内的黏温曲线,计算其黏度范围对应的温度$T_1 \sim T_2 (T_1 < T_2)$及黏度范围中值$(\eta_{SBS} + \eta_{RUB})/2$对应的温度$T_{mid}$,则该待测沥青的最佳发泡温度范围为$T_1 \sim T_2$,最佳发泡温度取$T_{opt} = T_{mid}$。

我们已经确定出SBS I-C改性沥青的最佳发泡温度为130~140 ℃,该温度下其黏度为1.99~3.17 Pa·s,我们取其最佳发泡黏度为$(1.99+3.17)/2=2.58$ Pa·s;70S0橡胶改性沥青的最佳发泡温度为150~160 ℃,该温度下其黏度为1.28~2.04 Pa·s,我们取其最佳发泡黏度为$(1.28+2.04)/2=1.66$ Pa·s。因此采用的可储存式发泡沥青设备发泡改性沥青的最佳黏度范围为1.66~2.58 Pa·s。

以掺加5% Honeywell抗车辙剂的改性沥青为例,图3-19展示了如何用该方法图解确定改性沥青的最佳发泡温度。其中,黏温曲线采用η与T的对数形式,两者呈线性关系。

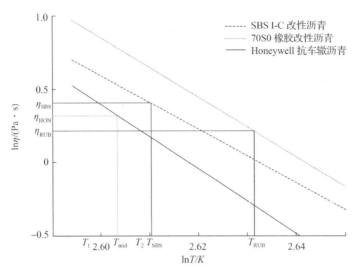

图 3-19　通过黏度确定改性沥青的最佳发泡温度（图解）

3.4.3　最佳发泡条件的确定

对掺加 6%M103 抗车辙剂的改性沥青、掺加 5%Honeywell 抗车辙剂的改性沥青、成品复配橡胶高黏改性沥青进行黏度试验，以确定它们的最佳发泡温度。这样便降低了发泡条件的维度，仅需考虑不同的压强和用水量以确定最佳发泡条件，大大地减少了试验量。

1）抗车辙改性沥青（掺加 6%M103）

对抗车辙改性沥青（掺加 6%M103）进行黏度试验，测试其在 125～155 ℃（以 10 ℃ 为温度间隔）时的黏度，如表 3-32 和图 3-20 所示。

表 3-32　抗车辙改性沥青（掺加 6%M103）原样的旋转黏度

温度/℃	125	135	145	155
黏度/(Pa·s)	5.50	3.21	2.05	1.24

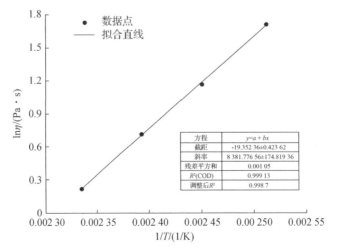

图 3-20　抗车辙改性沥青（掺加 6%M103）原样的黏温曲线

第三章 泡沫沥青最佳发泡条件研究

从掺加 6%M103 抗车辙剂的加德士♯70 基质沥青的黏度结果可以看出,其黏度变化比较大(黏度介于 SBS 与橡胶改性沥青之间),因为抗车辙剂在高温下溶胀分解后与沥青形成了较强的交联结构。

根据其黏温曲线 $\ln\eta = 8\,381.8 \times (1/T) - 19.352$,得到黏度范围 $1.66\sim2.58$ Pa·s 对应的温度范围为 $139.8\sim148.9$ ℃,黏度范围中值对应的温度为 142.9 ℃,我们将发泡温度定为 145 ℃。拟定发泡压强为 0.55 MPa、0.70 MPa、0.85 MPa,发泡用水量为 1.5%、2.0%、2.5%,进行 9 组发泡试验,结果如表 3-33 所示。

表 3-33 抗车辙改性沥青(掺加 6%M103)145 ℃的发泡测试结果

用水量/%	压强/MPa	设定放料量/g	实际出料量/g	H_{max}/cm	ER_m	$\tau_{1/2}$/s	t_s/s	ER_a	c	FI
1.5	0.55	100	142	2.0	3.0	50	8.3	3.2	0.945	—
	0.70	90	135	2.3	3.6	37	6.0	3.8	0.946	—
	0.85	100	146	2.5	3.6	33	3.2	3.8	0.967	—
2.0	0.55	100	140	3.0	4.6	22	9.0	5.2	0.871	25.6
	0.70	100	139	3.2	4.9	27	5.4	5.3	0.934	19.3
	0.85	100	142	3.2	4.8	26	2.5	5.0	0.967	9.9
2.5	0.55	90	138	3.5	5.4	12	6.0	6.4	0.845	22.2
	0.70	90	135	3.0	4.7	15	2.2	5.0	0.951	7.6
	0.85	90	137	3.8	5.9	9	2.0	6.4	0.927	11.4

可以看出,抗车辙改性沥青(掺加 6%M103)的发泡性能不太好,差于 SBS I-C 改性沥青和 70S0 橡胶改性沥青。实际膨胀率普遍在 5 左右,最大实际膨胀率仅为 6.4。其最佳的发泡条件为:145 ℃、2.0%用水量、0.55 MPa。

2) 抗车辙改性沥青(掺加 5%Honeywell)

对抗车辙改性沥青(掺加 5%Honeywell)进行黏度试验,测试其在 $115\sim145$ ℃(以 10 ℃ 为温度间隔)时的黏度,如表 3-34 和图 3-21 所示。从掺加 5%Honeywell 抗车辙剂的加德士♯70 基质沥青的黏度结果可以看出,其黏度变化相对较小,因为抗车辙剂呈粉末状,没有与沥青形成较强的交联结构。

表 3-34 抗车辙改性沥青(掺加 5%Honeywell)原样的旋转黏度

温度/℃	115	125	135	145
黏度/(Pa·s)	4.29	2.50	1.48	0.84

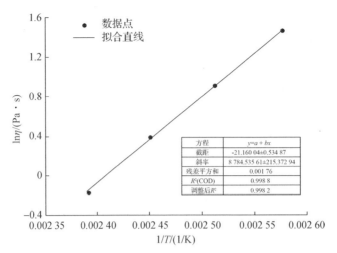

图 3-21　抗车辙改性沥青(掺加 5%Honeywell)原样的黏温曲线

根据其黏温曲线 $\ln\eta = 8\,784.5 \times (1/T) - 21.16$，计算出黏度范围 1.66～2.58 Pa·s 对应的温度范围为 124.2～132.3 ℃，黏度范围中值对应的温度为 127.8 ℃，我们将发泡温度定为 130 ℃。拟定发泡压强为 0.55 MPa、0.70 MPa、0.85 MPa，发泡用水量为 1.5%、2.0%、2.5%，进行 9 组发泡试验，结果如表 3-35 所示。

表 3-35　抗车辙改性沥青(掺加 5%Honeywell)130 ℃ 的发泡测试结果

用水量/%	压强/MPa	设定放料量/g	实际出料量/g	H_{max}/cm	ER_m	$\tau_{1/2}$/s	t_s/s	ER_a	c	FI
1.5	0.55	120	150	5.1	7.2	35	7.2	7.8	0.932	73.3
	0.70	110	145	5.3	7.8	37	6.0	8.2	0.946	86.2
	0.85	110	147	5.7	8.3	26	4.9	8.8	0.937	73.6
2.0	0.55	120	170	7.0	8.8	30	8.7	9.7	0.906	112.8
	0.70	120	168	8.2	10.4	27	6.6	11.3	0.920	137.1
	0.85	120	165	7.8	10.1	29	4.5	10.6	0.948	124.4
2.5	0.55	140	201	8.0	8.5	17	10.2	10.4	0.818	83.6
	0.70	130	189	9.2	10.4	13	8.0	12.7	0.814	92.8
	0.85	120	180	10.5	12.4	9	5.1	15.0	0.827	84.4

可以看出，掺加 5%Honeywell 抗车辙剂的改性沥青的发泡性能优于掺加 6%M103 抗车辙剂的改性沥青、基质沥青和 70S0 橡胶改性沥青，差于 SBS I-C 改性沥青。实际膨胀率可以达到 10 以上，半衰期为 10～30 s。其最佳的发泡条件为：130 ℃、2.0%用水量、0.70 MPa。

3) 成品复配橡胶高黏改性沥青

对成品复配橡胶高黏改性沥青进行黏度试验，测试其在 135～180 ℃(以 15 ℃为温度间隔)时的黏度,如表 3-36 和图 3-22 所示。

表 3-36　成品复配橡胶高黏改性沥青原样的旋转黏度

温度/℃	135	150	165	180
黏度/(Pa·s)	11.95	6.82	3.57	1.98

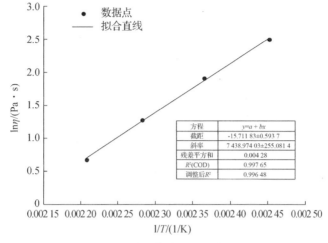

图 3-22　成品复配橡胶高黏改性沥青原样的黏温曲线

根据其黏温曲线 $\ln\eta = 7\,439/T - 15.712$,计算出黏度范围 1.66~2.58 Pa·s 对应的温度范围为 173.5~185.7 ℃。考虑到进气管的承压能力有限(小于 1 MPa),而 175 ℃ 的水的饱和蒸汽压为 0.891 8 MPa,压强可选择的范围非常有限,为 0.9~1.0 MPa。因此,直接将发泡压强定为 0.95 MPa。考虑到高黏沥青的黏度较高,膨胀率较低,拟定不同的用水量(1.5%、2.0%、2.5%、3.0%、3.5%)进行发泡试验,发泡试验的结果如表 3-37 所示。

表 3-37　成品复配橡胶高黏改性沥青 175 ℃ 的发泡测试结果

压强/MPa	用水量/%	设定放料量/g	实际出料量/g	H_{max}/cm	ER_m	$\tau_{1/2}$/s	t_s/s	ER_a	c	FI
0.95	1.5	100	142	2.5	3.8	72	3.1	3.8	0.985	—
	2.0	100	140	2.8	4.3	54	3.0	4.3	0.981	8.5
	2.5	100	141	3.5	5.3	52	2.3	5.4	0.985	20.1
	3.0	100	147	4.0	5.8	35	2.6	5.9	0.975	24.6
	3.5	100	145	4.1	6.0	19	2.6	6.3	0.954	19.7

可以看出,成品复配橡胶高黏改性沥青的发泡性能差于其他沥青。用水量可以提高高黏改性沥青的膨胀率,但需与半衰期综合考虑。其最佳的发泡条件为:175 ℃、3.0% 用水量、0.95 MPa。

值得注意的是,高黏改性沥青的黏度非常大,即便加热到 180 ℃,进料时也会对泵造成较大的负载,以至于实际试验时泵受到了损坏,不得不返厂维修。因此,认为设备不适宜发泡高黏改性沥青。

3.5 本章小结

本章描述了可储存式沥青发泡设备的设备构成、泡沫沥青加工流程、工艺优势等,采用一种非接触式激光测距装置代替传统的测试工具(量尺、秒表),对可储存式沥青发泡设备进行发泡能力的测试,研究了目前工程中常用的五种沥青(基质沥青、SBS改性沥青、橡胶改性沥青、抗车辙改性沥青、高黏改性沥青)的发泡性能。首先,通过文献调研和初步试验拟定出基质沥青、SBS改性沥青、橡胶改性沥青的发泡条件(发泡温度、用水量、压强、搅拌时间)的范围;其次,通过系统试验对三种沥青进行详细的发泡试验,分别确定三种沥青的最佳发泡条件,并对泡沫沥青的衰减曲线进行了拟合及分析。最后,总结出一种通过黏度直接确定改性沥青最佳发泡温度的方法,利用该方法可以快速、简便地确定另外两种沥青(抗车辙沥青、高黏改性沥青)的最佳发泡条件。

主要结论有:

(1) 相较于传统的发泡沥青,可储存式发泡沥青具有可储存、可远距离运输、质量变异小、发泡温度较低等优点。

(2) 使用可储存式沥青发泡设备生产泡沫沥青时,需要搅拌至少 90 min,以使泡沫沥青的质量变异性最小化。因为搅拌 90 min 后,水分分布达到最均匀,沥青的膨胀率、半衰期趋于稳定(不随时间的推移而变化)。

(3) 五种抗车辙剂中,Honeywell 和 M103 是两种较理想的抗车辙剂,最佳掺量分别为 5% 和 6%(内掺法)。

(4) 以膨胀率、半衰期、发泡指数为评价指标,五种沥青中,SBS I-C 改性沥青的发泡能力最强,膨胀率普遍为 10~20,半衰期普遍为 20~40 s。加德士#70 基质沥青、70S0 橡胶改性沥青和抗车辙改性沥青(掺加 5% Honeywell)的发泡能力较强,基质沥青的膨胀率普遍为 3~12,半衰期普遍为 3~20 s;橡胶改性沥青的膨胀率普遍为 5~8,半衰期普遍为 10~30 s;抗车辙改性沥青(掺加 5% Honeywell)在最佳发泡温度下膨胀率可以达到 10 以上,半衰期为 10~30 s。抗车辙改性沥青(掺加 6% M103)和成品复配高黏改性沥青的发泡性能较差,在最佳发泡温度下的膨胀率大约为 5。

(5) 通常情况下温度升高或用水量增加或压强增大,会造成膨胀率增大,半衰期减小。五种沥青的最佳发泡条件分别为:

① SBS I-C 改性沥青:2.0%用水量、130 ℃、0.85 MPa,2.0%用水量、130 ℃、0.55 MPa 和 1.5%用水量、140 ℃、0.55 MPa;

② 70S0 橡胶改性沥青:2.0%用水量、150 ℃、0.70 MPa,2.0%用水量、160 ℃、0.70 MPa,

和2.0%用水量、150 ℃、0.85 MPa；

③ 加德士♯70基质沥青：2.0%用水量、120 ℃、0.55 MPa和2.0%用水量、120 ℃、0.70 MPa；

④ 抗车辙改性沥青（掺加6%M103）：145 ℃、2.0%用水量、0.55 MPa；

抗车辙改性沥青（掺加5%Honeywell）：130 ℃、2.0%用水量、0.70 MPa；

⑤ 成品复配高黏改性沥青：175 ℃、3.0%用水量、0.95 MPa。

（6）DoseResp函数最能体现基质沥青、SBS改性沥青、橡胶改性沥青的膨胀率随时间的衰减规律，拟合精度非常高，$R^2 \geqslant 0.99$的数据组占52.6%，$R^2 \geqslant 0.95$的数据组占88.2%。拟合结果的膨胀率、半衰期与实测数据的一致性很强。

（7）成品复配高黏改性沥青即便在175 ℃下，黏度依然较大，进料过程中泵的负载大，容易造成泵的损坏。

第四章 回收旧料作用原理

回收旧料是通过在路面养护和维修过程中铣刨路表面,粉碎旧路和一部分的基层、底基层而得到的。

回收旧料可以采用就地再生技术或者在施工现场获得后储存在厂拌回收处(用于厂拌再生技术)。无论是就地再生技术还是厂拌再生技术,都需要在使用回收旧料前,测试其抗水损害的性能。

回收旧料在冷再生混合料中发挥着重要的作用。但是在工程中,回收旧料是作为沥青混合料,还是作为"黑色集料",是一直受到争论的问题。如果将回收旧料看成是旧的沥青混合料,那么认为回收旧料中的沥青会与新沥青相融合;而如果将其作为"黑色集料",那么认为回收旧料中的沥青不会与新沥青相融合,也就不会影响到黏结料的性质。对于冷再生混合料而言,旧沥青没有经过加热而与新沥青相融合,虽不会充分融合,但是也会存在不同程度的融合。因此,检测回收旧料的沥青含量、沥青老化程度及回收沥青的性能,对于冷再生混合料的设计而言是具有价值的。

4.1 沥青老化机理

沥青的老化主要分为物理老化和化学老化,物理老化的主要表现为沥青中轻质组分的挥发和极性物质的聚集;而化学老化主要为氧化、缩合和脱氢等化学反应,以及由此引起的沥青化学成分的变化。

1) 沥青热氧老化机理

研究认为,沥青的老化过程符合自由基反应机理。在热、氧或者金属离子的催化作用下,沥青高分子中含有的双键等敏感基团会发生化学键断裂,形成自由基。生成的自由基会和氧气进一步反应形成中间体氢过氧化物,进而使自由基反应不断进行下去。自由基反应包括链的引发、增长、歧化和终止四个阶段。

阶段一:链引发

在受到热、氧的作用后,沥青高分子中不稳定的链键(如支链或双键)首先引发自由基:

$$RH \longrightarrow R\cdot + H\cdot$$
$$RH + O_2 \longrightarrow R\cdot + HOO\cdot$$

阶段二：链增长

引发反应发生后，自由基 R· 迅速与氧结合生成过氧化自由基 ROO·，随后 ROO· 与沥青分子 RH 作用，夺取氢原子而形成氢过氧化物 ROOH，并产生另一个自由基。

$$R\cdot + O_2 \longrightarrow ROO\cdot$$

$$ROO\cdot + RH \longrightarrow R\cdot + ROOH$$

$$ROOH \longrightarrow RO\cdot + HO\cdot$$

阶段三：链歧化

随着反应的进行，沥青不断氧化，生成越来越多的氢过氧化物 ROOH，ROOH 积累增多后也会分解成新的自由基并参与链式反应，即发生歧化反应：

$$2ROOH \longrightarrow RO\cdot + ROO\cdot + H_2O$$

$$RO\cdot + RH \longrightarrow R\cdot + ROH$$

$$HO\cdot + RH \longrightarrow R\cdot + H_2O$$

阶段四：链终止

当反应生成的自由基达到一定浓度时，彼此相互碰撞而发生双基偶合终止：

$$ROO\cdot + ROO\cdot \longrightarrow ROOR + O_2$$

$$R\cdot + ROO\cdot \longrightarrow ROOR$$

$$R\cdot + R\cdot \longrightarrow R-R$$

反应过程中，由于自由基可能处在沥青分子链上不同的位置，也就有可能发生交联，因而最终得到的既有降解产物，也有交联产物。

由沥青老化后红外光谱分析可知，沥青老化后羰基含量增多，这可能是 RO· 通过歧化反应而发生断链，生成含羰基的化合物和另一个自由基。

$$\begin{array}{c} CH_3 \\ | \\ R-C-CH_2-R \\ | \\ O\cdot \end{array} \longrightarrow \begin{array}{c} \\ R-C-CH_3 + \cdot CH_2-R \\ || \\ O \end{array}$$

另外，沥青中含有少量的金属元素，在金属的催化作用下，含有双键的分子会被氧化成醛或者酮：

$$2R-CH=CH_2 + O_2 \xrightarrow[\text{热}]{\text{催化}} 2R-CH_2-CH \\ \qquad\qquad\qquad\qquad\qquad\qquad || \\ \qquad\qquad\qquad\qquad\qquad\qquad O$$

沥青老化后，亚砜基含量增多，这是由氢过氧化物作为氧化剂与含硫基团反应形成的：

$$R_1-S-R_2 + R-O-O-H \longrightarrow R_1-S-R_2 + ROH \\ \qquad\qquad\qquad\qquad\qquad\qquad\qquad || \\ \qquad\qquad\qquad\qquad\qquad\qquad\qquad O$$

沥青老化过程中，生成的羰基和亚砜基官能团为极性基团，这使得沥青分子间的相互作用增大，表现为沥青黏度的增加。

沥青老化过程中，芳香分转化为胶质，胶质或芳香分进一步聚合为沥青质。另外，还有少量的胶质或者沥青质发生分解，产生小分子饱和分，反应过程的示意图如图 4-1 所示。

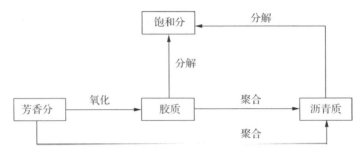

图 4-1 沥青老化过程各组分变化示意图

2) 沥青光氧老化机理

沥青中的部分基团在吸收了波长为 300～400 nm 的紫外线后，会引起化学反应。在氧气存在的情况下，沥青中的聚合物会发生光氧化降解。聚合物的光氧化降解机理与热氧化降解机理相似，分为链引发、链增长和链终止三个阶段，只是光氧降解的引发源较多，且链增长阶段会受到光的影响。

光氧化降解的反应主要有三种引发形式：金属离子引发、氢过氧化物引发和羰基引发。沥青中含有少量的金属离子，会引起沥青的氧化反应。聚合物被紫外光线照射呈激发态，激发态与氧气作用，生成氢过氧化物：

$$RH + O_2 \xrightarrow{h\nu} R\cdot + \cdot OOH$$

氢过氧化物又可引发进一步的反应，从而使沥青或 SBS 按光氧老化机理进行降解。另外，无光照时，热氧老化中生成的氢过氧化物也会促进该光氧老化反应。

热氧化反应形成了羰基，聚合物中的羰基基团能吸收紫外线而引起化学反应，即由羰基引发的 Norrish 链断裂反应，该反应使聚合物分子量下降。

由于沥青混合料中空隙的存在，紫外线对沥青面层的影响可达到 1 cm 左右。但是，紫外线光老化对沥青路面的危害很大。紫外线光老化使路面表层沥青变脆，低温劲度模量增加，在冬季低温环境下容易产生温缩裂缝，路面的开裂会进一步引起路面龟裂；同时，由于裂缝的产生，沥青与集料间的黏附性会降低，使得沥青从集料表面脱落，形成坑槽。降雨过后，雨水会沿着裂缝和坑槽渗入路面内部结构，导致路面状况严重恶化，从而最终影响路面的使用性能（叶奋等，2005）。

4.2 回收旧料的性能评价

由于回收旧料的性能会直接影响再生混合料的性能，因此，需要评价回收旧料的相关性能。回收旧料的性能评价主要还是针对回收旧料的湿度含量、回收旧料中沥青的性能和含量、回收旧料的来源与级配等。

4.2.1 回收旧料的湿度含量

由于冷再生混合料中水含量会极大地影响混合料的最终性能，因此，在计算所需的用水量时，需要考虑回收旧料的湿度含量。

4.2.2 回收旧料中沥青的性能

需要通过相关测试来了解回收旧料中沥青的性能，从而决定最终的混合料中的内部黏合能力。在实践操作中，可以通过主观或客观的分析方法来判定。如果回收旧料的颜色呈灰黑色并且没有光亮的表面，或者材料脆弱，那么沥青很有可能已经有比较严重的老化，同时在新的再生混合料中不会对黏结提供太大的帮助。另外，可以通过相关的室内试验来确定回收旧料中沥青的性能，如针入度试验、黏度试验、老化点试验等。值得注意的是，测试的沥青是从回收旧料中抽提而得的。

4.2.3 回收旧料中沥青的含量

在回收旧料中起作用的沥青将会起着黏结集料的重要作用。在实践中，可通过燃烧炉法估算不同来源回收旧料的沥青含量。对于小的工程项目，沥青的含量可以通过 ASTM D6307 的方法测得；对于大的工程项目，沥青的含量可以通过 AASHTO T164 的方法测得。

根据相关统计结果，回收旧料中的沥青含量一般在 $4\%\sim7.5\%$ 的范围内。一般情况下，沥青含量不仅包括回收旧料中老化的沥青，而且包括新添加的用于拌和的沥青。有些学者研究了沥青含量对回收路面性能的影响。Euch 等（2015）研究了回收旧料用量对掺有水泥的冷再生混合料的力学性能的影响。研究发现，只要回收旧料的用量低于 60%，则可获得可接受的力学性能的冷再生混合料。此外，回收旧料中 C-S-H 的交错形成了网状结构，从而提高了回收旧料的强度。

4.2.4 回收旧料的来源

由于有限的施工经费，对回收旧料进行分级的重要性经常被忽视。可通过相关指标如 PG 分级和车辙因子评价回收旧料中沥青的性能。通常，通过测试回收旧料中抽提出来的沥青的 PG 分级，确定不同回收旧料的来源。不同来源的回收旧料其级配也不一样。级配对混合料的刚度、耐久性、稳定性和渗透性有着极大的影响。回收旧料的级配是可以计算和获取的。但是，回收旧料的级配通常是由现场状况和铣刨技术所决定的，具体因素包括现存路面的情况、铣刨速度和铣刨深度等。

拌和的混合料，由粗粒径的回收旧料和小剂量的沥青构成，具有较好的低温下的抗疲劳性能，但却缺乏高温下的抗车辙性能。此外，料源对流值也有着极大的影响。比如，较细的回收旧料与大剂量的硬质沥青拌和将具有较好的抗车辙性能。Cross 选择 7 种料源的回收旧料并进行级配设计,发现回收旧料颗粒的形状能显著影响现场的压实密度(Cross,2003)。此外,不同料源的沥青性质也不同,并影响着混合料的动态模量、流值和流动时间。

4.2.5 回收旧料的级配

回收旧料的级配能够显著影响冷再生混合料的性能。为了确定回收旧料中集料的级配,需要对燃烧后的旧料进行筛分试验,根据的规范为 AASHTO T27 或者 ASTM C136。级配分析能够帮助决定是否需要添加新集料并帮助解读回收旧料性能下降的原因。通常,新添加的集料需要满足设计级配的相关要求。采用钢渣作为新集料的替代物,能够提高混合料的劈裂强度、马歇尔稳定度、抗车辙性能和抗水损性能。

4.3 回收旧料的处理工艺

如果料堆的材料有不同的来源,那么应该采用挖掘机挖取多层旧料,从而使获得的材料是来自不同层和不同来源的复合旧料。处理旧料的几个基本的目标为:
(1) 产出一个材料一致的旧料堆;
(2) 分离或者破碎大块状的旧料为统一尺寸,当与新料拌和时,便于有效干燥和加热;
(3) 减小旧料中最大集料颗粒尺寸,使得旧料可作为路表的混合料(或者其他小粒径的混合料);
(4) 尽量减少粉尘(粒径小于 0.075 mm)的产生。

4.3.1 处理铣刨料

来自一个项目的铣刨料通常在级配、沥青含量、集料性能和沥青性能方面都非常一致,因此,在处理这些铣刨料时,主要是减小旧料的最大尺寸。但是,旧料中粉尘的含量是影响回收旧料性能的关键因素。由于铣刨的材料来自路面,因此当处理来自一个项目的铣刨料时,最佳的方案不是更进一步地破碎材料,而是直接采用这些铣刨料用于级配设计,或者仅仅筛分铣刨料从而除去大颗粒。

由于回收旧料来自不同的项目并且有着不同的组成成分,因此必须要处理成与新沥青混合料一致的材料。处理厂发现通过组合处理路面碎石、铣刨料和废弃的混合料,能够得到一致并且高性能的旧料。当为筛分和破碎过程提供旧料时,应当采用推土机、挖掘机或者类似的装备从不同料堆(来自不同的项目)获取旧料。

4.3.2 筛选回收旧料

由于破碎旧料将产生更多的细集料,因此最好能设置破碎过程,使得旧料在进入破碎机之前进行筛分。这将能够先筛出较细的集料,然后再进行破碎。只有未被筛除的旧料颗粒才能继续向破碎机传输。

有一些破碎机组设置了将所有的旧料运输至破碎机,然后进入再循环回路的程序。该再循环回路可将较大的颗粒重新返还到破碎机进行处理。但是,由于所有的材料都会经过破碎机,因此,很有可能一些较小的但是无须破碎的材料仍然会经过破碎过程。

4.3.3 回收旧料破碎

破碎旧料成统一的尺寸是处理旧料的常用方法之一,可以采用不同类型的破碎机。其中被认为最有效的破碎机类型是水平轴冲击式破碎机。同时,特制的辊式或轧机式破碎机也被用来处理旧料。这些旧料破碎机被用来打碎大块的路面材料或者成块的旧料,而不是用来降低集料级配的大小。水平轴冲击式破碎机通常采用三级冲击杆装置来控制破碎后的最大尺寸。值得注意的是,破碎成较小的最大尺寸将会增加旧料中矿粉的含量,从而限制了级配设计中可采用的最大旧料含量。

当旧料温暖或潮湿时,压缩式破碎机(比如颚式破碎机)往往会由于旧料的堆积(结块)而堵塞。由于材料在腔室中的保留,锤式破碎机往往会产生更多的细粉。当旧料在锤子和砧座之间堵塞时,锤式破碎机也可能需要大量维护。通过调节锤式破碎机的速度和间隙,可以减少骨料的破碎。

4.3.4 旧料分级

旧料分级是一种越来越受欢迎的旧料处理方式,其中旧料通常被筛选为两种或三种设定的尺寸。通常的三档分级为:9.5~19 mm,4.75~<9.5 mm 和<4.75 mm。在一些情况下,大于19 mm 的旧料会被返回至破碎机,然后破碎后的旧料再经过筛分机筛分。旧料分级最大的优势是将料堆按照不同旧料大小来堆放,从而为满足混合料设计要求提供了更大的灵活度。

4.3.5 旧料处理方法的优劣比较

表4-1对不同的旧料处理方法进行了优劣比较。处理的方法有:直接运用铣刨料、破碎前进行旧料筛选、破碎旧料为统一粒径、对旧料进行分级。

表 4-1　旧料处理方法的优劣比较

处理方法	可能的优点	可能的缺点
仅用铣刨料	避免了进一步的集料破碎,即在混合料中有更高的回收旧料含量; 旧料处理中耗费最低的方法; 从大项目中铣刨的旧料很可能具有连续的级配和少量的沥青	在拌和厂内需要多个旧料堆; 不同的项目会产生不同级配的旧料;因此,当特定的料堆消耗完以后,采用不同的旧料时,必须要进行新的级配设计
破碎前旧料筛选	减少旧料中的破碎度,从而降低尘土的生成	旧料筛选前设置了较少的破碎和筛选设备
破碎旧料为统一粒径	处理后的旧料能用于不同的混合料类型 通常会具有较好的一致性	增加了旧料中的尘土含量,即限制了旧料在级配设计中的用量
旧料分级	采用不同的旧料堆能够极大地增加级配设计的灵活度; 细的旧料是薄层混合料的理想材料; 拌和中,细的旧料的热传递更高效	需要最多的空间; 最昂贵的处理方法; 由于较高的沥青含量,细的旧料堆会出现结块的现象,即不利于厂内配料

一般是在室内进行旧料的处理,从而减少了扬尘并使旧料保持干燥。在处理过程中,会将少量的水雾喷洒在碎石机上用于减少灰尘。值得注意的是,旧料中湿度一直保持在相当低的范围,为 1.5%～2.0%(在运送至沥青拌和厂之前)。旧料处理中一般包括不同阶段的粉碎和筛分。一个比较典型的分档是分为 5～13 mm 和小于 5 mm 两档。这两档都在不同的位置并被遮盖着。

可以采取以下方法来降低旧料的结团,从而降低旧料的变异性:

(1) 从结团旧料的颗粒组成及其结团程度上看,由于 4.75 mm 以上旧料的结团程度较大,且结团粗料中 4.75 mm 颗粒含量较高,因此,应重点针对粗料尤其是 4.75 mm 关键筛孔进行充分破碎。

(2) 从旧料结团的稳定性看,旧料中弱结团结构极易破碎,且结团程度较大,对旧料的变异性影响大,因此,在铣刨破碎工艺上应尽量避免弱结团结构的产生,尽量增大旧集料颗粒的含量,或者对弱结团结构进行分离后二次破碎,减小其对旧料变异性的影响。

(3) 对于不同破碎工艺的优劣对比,可采用测定破碎旧料中弱结团、强结团及旧集料比例的方法进行初步确定,然后通过抽提与破碎试验采用稳定指数来定量比较。

(4) 通过压碎值试验对比可以发现,旧料由于沥青的存在而表现出与新料不同的力学特性,因此,建议在对新旧料进行破碎时要注意破碎机械的选择,对于旧料破碎时不适宜采用因压力作用而使旧料破碎的机械,更适合采用一些因剪切力作用而使旧料破碎的机械。

第五章　泡沫沥青冷再生混合料配合比设计

5.1　泡沫沥青冷再生混合料组成原理

如图 5-1 所示，泡沫沥青冷再生混合料由回收旧料/集料、泡沫沥青、水及添加剂组成。其中应该尽量使用回收旧料，提高回收旧料的使用率，从而提高资源利用率。

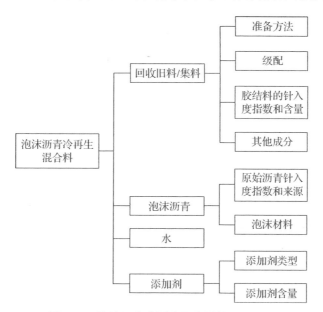

图 5-1　泡沫沥青冷再生混合料的材料组成

由于混合料中回收旧料最多可达 98%，因此回收旧料是泡沫沥青混合料中最重要的材料。回收旧料的准备方法、级配、沥青含量和其他性质是决定混合料设计的主要因素。此外，由于回收旧料的级配不一定符合级配设计的要求，因此必要的时候还需要拌和新的集料来设计出符合要求的新级配。

室内试验中，泡沫沥青一般由室内发泡机制取而得。泡沫沥青的质量主要由沥青的 PG 等级和来源所决定。泡沫沥青的特性可通过热沥青的黏度和泡沫的稳定性来决定。在最佳泡沫用水量和设计温度下，泡沫沥青需要满足发泡的相关设计参数要求。泡沫沥青的性能对于整个混合料的强度、刚度及其他性能都有着十分重要的作用。当泡沫沥青均匀分散于混合料中时，可以通过填料及细集料形成均匀砂浆，并且黏附于粗集料表面，且在粗集料表面形成了大量的黏结接触点,在压实的作用下进一步形成了整体强度。但是,当泡沫沥青不能均匀分散于混合料中时,沥青泡沫破裂后出现了沥青团聚现象,或者产生包裹着细料的沥青砂浆团,从而使得能够黏结粗集料的砂浆减少,粗集料表面之间的黏结接触点数量也随之大量减少。另外,在压实的进一步作用下,较大的沥青团块在粗集料之间起着润滑的作用,这使得集料颗粒间不易密实成型,无法形成良好的黏结,最终表现为较低的混合料整体强度。对于泡沫沥青分散不好的混合料,沥青在混合料中并没有起到应有的作用,混合料干涩,缺乏黏结性,水稳定性变差。因此,对于泡沫沥青混合料而言,确保沥青在混合料中的有效均匀分布,是获得具有良好使用性能的泡沫沥青混合料的必要条件。

水在泡沫沥青混合料中起着重要的作用,因为水能够促进泡沫沥青的分布,还能够促进混合料的拌和与压实。因此在冷再生混合料中,需要确定最佳总用水量(泡沫沥青中最佳用水量和回收旧料的最佳水含量)。

另外,矿物添加剂能够帮助加快混合料的养护速度,增强混合料的早期强度,同时提高混合料的抗水损害性能。冷再生混合料中常用的添加剂为水泥或熟石灰。添加的剂量一般小于混合料质量的1.5%。

5.2 泡沫沥青冷再生混合料配合比设计

泡沫沥青冷再生混合料配合比设计的目的是为了选取合适的材料来决定最佳的泡沫沥青含量、最佳的发泡用水量及合适的矿物添加剂的种类和含量,从而使得混合料的密度和强度能够满足结构的需要。目前的设计方法主要包括了6个设计步骤。图5-2显示了

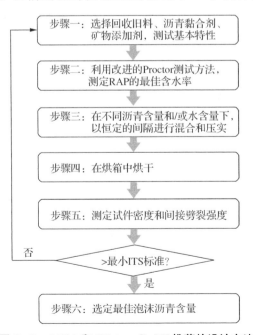

图 5-2 AARA 和 Wirtgen GmbH 推荐的设计方法

AARA 和 Wirtgen GmbH 推荐的设计方法的几个设计步骤(ARRA,2017;Wirtgen GmbH, 2012)。在选择了相应的材料后,需要确定两个设计参数:首先需要确定的是最佳总含水量 (OTWC),其决定了最大的压实密度;其次需要确定最佳泡沫沥青含量(OFAC),以满足混合料的强度要求。

5.2.1 材料准备与相关测试

在泡沫沥青冷再生混合料设计中,需要对回收旧料和泡沫沥青进行材料准备与相关测试。此外,根据材料的性能情况,还需要确定是否采用矿物添加剂及相应的剂量。

1) 回收旧料的准备与相关测试

测定回收旧料的性能需要测试其级配、矿粉含量(通过 0.075 mm 的筛孔)、针片状的比率、沥青的老化程度和含量,以及最佳的含水量。

冷再生混合料中回收旧料的含量可高达 98%。回收旧料一般存储在没有分级的料堆中或者两种不同粒径大小的料堆(仅包含粗料或者细料)中。由于料堆中存在离析现象,很难在取样中获取到级配一致的旧料,因此,通常会采用分级后的回收旧料用于冷再生混合料。

评价回收旧料最常用的方法是测试级配。一般建议用于级配设计和现场施工的回收旧料应该具有一致性。因此,推荐在施工前定期对回收旧料进行级配测试,用以控制施工质量。不同的组织根据其以往的经验推荐了回收旧料的级配带。这些组织有美国沥青再生协会(ARRA)、德国维特根公司(Wirtgen GmbH)、南非沥青协会(Asphalt Academy)、中国交通运输部。应该注意的是南非沥青协会推荐的级配带可用于冷再生技术和全深式冷再生技术;美国沥青再生协会(ARRA)、德国维特根公司推荐的级配带只适用于冷再生技术。

如表 5-1 所示,不同组织采用了不同的级配测试方法。维特根公司对 ASTM D422 进行了小幅度修改(Wirtgen GmbH,2012)。为防止回收旧料在加热过程中黏结,将烘箱温度设置为低于软化点的 40 ℃,而不是规范中规定的 110 ℃。值得注意的是,ASTM D422 最初是针对全深式冷再生材料(混合料中含有泥土)而设计的。美国沥青再生协会(ARRA)采用 ASTM C117 和 C136 进行级配分析,其中 ASTM C117 用于确定材料中矿粉的含量。

表 5-1 不同级配测试方法

组织	级配测试方法
ARRA(2017)	ASTM C117 和 ASTM C136
Wirtgen GmbH(2012)	ASTM D422
Asphalt Academy(2009)	南非 TMH1(A1,B4)

仅仅获得回收旧料的级配是不能满足对其特性的评价的,因为回收旧料中沥青含量、集料类型和级配都具有较高的变化性。对此,以往的研究中提出了不少其他分析回收旧料的方法。Cross(2003)发现当回收旧料中针状与片状的比为 3∶1 时,会显著影响到压实后的

密度。当针状与片状的比率增高时,达到设定压实密度所需的旋转压实数会减小。Perraton 等(2016)提出了用于甄别回收旧料来源的方法。该方法是采用修改的 Proctor 压实法处理回收旧料,并获得采用压实法之后回收旧料的通过率。其中回收旧料被认为是由沥青黏结在一起的颗粒集块,并且在压实过程中有可能破碎。研究发现温度对通过控制筛孔的百分比有着显著的影响。较低温度下(5 ℃)的试验结果与较高温度下(40 ℃)的试验结果相比,具有更高的可重复性;集料试件的结果受到温度的影响比回收旧料受温度的影响要小。此外,当控制筛孔增大时,控制筛孔的百分比的可重复性降低。

在冷再生过程中,需要对湿度进行监控。在拌和前,需要对回收旧料和集料中的湿度进行测量,从而决定需要采用多少的用水量。在回收旧料和集料与泡沫沥青和矿物添加剂拌和以后,混合料中的湿度需要通过相关质量控制测试。其中比较常用的质控方法为烘箱烘干法。但是,需要注意的是,目前用于集料和热拌沥青混合料的烘干法对回收旧料并不适用。根据规范 ASTM D2216 或 AASHTO T255,采用 110 ℃的烘箱温度对集料或者泥土进行烘干,直到两次连续测量的湿度变化小于 0.1%。对于热拌沥青混合料,烘干的温度甚至更高,达到了 163 ℃。其中,样品起初在烘箱中 90 min,然后每 30 min 测量一次其质量,直到两次测量的湿度变化小于 0.05%时,认为热拌沥青混合料烘干完成(AASHTO T329)。

包裹着沥青的回收旧料需要小心地处理。用于烘干回收旧料的温度应该低于沥青的软化点温度,因为更高的温度会软化沥青,导致颗粒相黏结。一般建议将用于烘干回收旧料的温度设置为 40 ℃。

2) 泡沫沥青的准备与相关测试

详细内容可见"第二章 泡沫沥青的发泡原理与评价指标"。

3) 矿物添加剂

除了加入回收旧料、泡沫沥青和水以外,冷再生混合料中一般会加入少量的矿物添加剂用来增强混合料的强度和降低水损害。其中最常用的矿物添加剂为水泥,其次也有少部分机构建议采用熟石灰。

本节中,也简单地讨论了采用粉煤灰作为潜在的矿物添加剂。水泥和熟石灰的添加剂量一般小于混合料的 1.5%。有少量的研究比较了冷再生混合料中不同的添加剂和推荐的最佳剂量。Nosetti 等(2016)比较了水泥和熟石灰对冷再生混合料的劈裂强度的影响。其中冷再生混合料既有采用泡沫沥青,也有采用乳化沥青作为再生剂的。研究发现,就浸水劈裂强度和劈裂强度比而言,添有 0.5%添加剂的混合料的试验结果要远远高于未加添加剂的混合料的试验结果。但是,当添加剂的剂量从 0.5%提升到 2.0%时,劈裂强度和劈裂强度比的增幅有限。此外,采用熟石灰添加剂与采用水泥添加剂的混合料,具有等效的劈裂强度和劈裂强度比。Thanaya 等(2009)指出采用 1%~2%的水泥能够显著增强乳化沥青冷再生混合料的早期和长期强度。

目前,在冷再生混合料中采用粉煤灰的研究很有限。由于粉煤灰的成本较低,因此它仍可作为冷再生混合料添加剂的潜在选择。Cross 等(1997)验证了采用粉煤灰来增强乳化沥青冷再生混合料的抗水损害性能。美国煤灰协会的数据显示,在 2015 年,美国粉煤灰的产量约为 4000 万 t,仅有 63% 被使用。相关的调研结果显示,粉煤灰在 2013 年的价格为 74 美元/t,比水泥的价格要低 33%(111 美元/t),比熟石灰在 2016 年的价格要低 49%(144 美元/t)。

表 5-2 总结了一些机构和学者推荐的泡沫沥青冷再生混合料添加剂的剂量。其中,建议采用水泥的要比采用熟石灰或其他添加剂的要多。粉煤灰作为潜在的添加剂被提及。

三种不同冷再生路面添加剂总结如表 5-2 所示。

表 5-2 冷再生路面添加剂总结

组织/作者	水泥	熟石灰	粉煤灰
Asphalt Academy(2009)	≤1.0% 并小于沥青含量	≤1.5%	可用,无推荐掺量
Wirtgen GmbH(2012)	≤1.0%	≤1.5%	可用,无推荐掺量
ARRA(2017)	≤1.0%	—	—
Eller 等(2009)	≤1.5%	≤1.5%	≤1.5%
Saleh(2004,2006)	1.0% 和 2.0%	作为矿粉使用	作为矿粉使用

5.2.2 拌和与压实

1) 室内拌和

拌和与压实的过程会直接影响到冷再生泡沫沥青混合物的性能。在拌和过程中,拌和设备和拌和时间是两大主要因素。有三种比较常用的拌和设备,即搅拌型、桶型和双轴搅拌型。搅拌的时间一般控制在 20~60 s。表 5-3 总结了不同组织和学者采用的拌和方法。

表 5-3 室内拌和方法

组织/作者	拌和设备	第一次拌和	第二次拌和	拌和温度
Eller 等(2009)	搅拌型设备	40~60 s	60 s	室温
Asphalt Academy(2009)	叶式拌和机	—	20~30 s	室温
Kuna 等(2014)	双轴拌和机	—	60 s	(20±2) ℃
Wirtgen GmbH(2012)	双轴拌和机	>10 s	30 s 或直到一致	室温

注:1. 第一次拌和是在水和水泥加入后,但在泡沫沥青加入前;2. 第二次拌和是在泡沫沥青加入后。

南非沥青协会认为拌和设备的不同会引起混合料强度的差异高达 25%(Asphalt Academy,2009)。为了更好地模拟现场或沥青厂内的拌和过程,推荐采用双轴拌和型拌和设备而不是搅拌型拌和设备。由于现场或沥青厂拌和的效率较高,因此室内拌和的时间要比现场拌和的时间长。一般的室内拌和时间设置在 20~30 s。

在拌和过程中,德国维特根公司推荐首先加入理想的拌和用水量(75%的回收旧料的最佳含水量)与回收旧料/集料拌和,直到出现"蓬松"状态或无可见灰尘(Wirtgen GmbH,2012)。拌和的时间至少为10 s。在这步中,根据不同的情况,可能会用到更多的拌和用水和拌和时间。但是,应当注意的是,如果混合料中出现太多的水,那么应该拒绝这个混合料。在加入了泡沫沥青以后,拌和的时间需要30 s。最终,加入压实用水量(25%的回收旧料的最佳含水量)进行拌和,直到材料均匀。

2) 室内压实

在实验室内,不同的方法被用于压实冷再生泡沫沥青混合料。如表5-4所示,这些方法包括修改的Proctor击锤法、马歇尔击实法、旋转压实法和振动成型法。其中,最常用的方法为旋转压实法和马歇尔击实法。采用马歇尔击实法时,一般对100 mm直径的试件进行75次正反击实;而采用旋转压实法时,没有统一的压实参数。Kim等(2007)研究发现进行30次旋转压实和75次马歇尔击实的混合料具有相似的密度。研究建议采用基于旋转压实的混合料设计方法,而不是马歇尔击实法。因为旋转压实的试件能在最佳泡沫沥青含量下获得明显的劈裂强度峰值。同时,与马歇尔击实法相比,试件的压实密度对泡沫沥青含量的变化更敏感。

表5-4 室内压实方法

压实方法	组织/作者	压实功	参数
旋转压实法	Lee 和 Kim(2003)	25 次	600 kPa 压力和 1.25° 角度 100 mm 模具
	Cox 和 Howard(2016)[①]；Kim 等(2007)[②]；ARRA(2017)[②]	30 次	600 kPa 压力和 1.25° 角度 100 mm 或 150 mm 模具
	Maccarrone 等(1994)	85/120 次 基于路面厚度	240 kPa 压力和 2° 角度 100 mm 模具
	Brennen 等(1983)	20 次	1 380 kPa 压力和 1.25° 角度 100 mm 模具
马歇尔击实法	Kim 等(2007)；Muthen(1999)；Brennen 等(1983)；Wirtgen GmbH(2012)；ARRA(2017)	75 次击实/面	10 lbs[③] 击锤,45.7 cm 落差 100 mm 模具
修改的 Proctor 击锤法	Wirtgen GmbH(2012)	55 次击实/面	10 lbs 击锤,45.7 cm 落差 4 层,150 mm 模具

续表 5-4

压实方法	组织/作者	压实功	参数
振动成型法	Asphalt Academy(2009)	10～25 s 每层 基于交通量	100 mm 或 150 mm 模具 5 kg 或 10 kg 击锤 1 层或 2 层基于交通量

注：① 采用 150 mm 模具进行 30 次旋转压实；② 采用 100 mm 模具进行 30 次旋转压实；③ 1 lbs＝0.453 592 37 kg。

3) 室内压实与现场压实的比较

理论上说，混合料设计过程中室内压实的效果应该与现场的压实效果相匹配。但是，很少有对室内压实和现场压实的比较。通常的做法是比较不同压实方法下试件的密度差异。

Diefenderfer 等(2012)总结了美国弗吉尼亚州州际公路 I-81 的道路再生项目，并对比了室内和现场压实下的试件密度和劈裂强度。项目中，根据 Wirtgen GmbH 设计法设计了用于现场冷再生和厂拌冷再生基层的泡沫沥青冷再生混合料。试件采用了马歇尔击实法(75 次)来达到设计的 2 002.3 kg/m³ 的干密度。同时，采用核子密度仪(直接传输法)测得了现场平均密度为 2 040.8 kg/m³，比设计的现场密度 1 962.3 kg/m³(98%的室内干密度)要高。质量控制试验结果显示，大部分的试件满足最小劈裂强度的指标要求，即 334.4 kPa(95%的混合料设计劈裂强度)。此外，施工后三个月，在试验段钻取芯样用于测量密度和其他性能。测量结果显示，芯样的平均密度介于 2 060.0～2 271.4 kg/m³ 之间，显著高于混合料设计的密度(2 002.3 kg/m³)。研究同时发现，现场冷再生和厂拌冷再生试验段的芯样具有相同的密度，并且没有显著的差异。但是，芯样上半部的密度要明显高于其下半部的密度。

Schwartz 和 Khosravifar(2013)比较了修改的 Proctor 压实作用与现场压实作用的不同，其中的试件含有 2.2% 的泡沫沥青和回收旧料。试验中，采用标准的 Proctor 锤对试件施加了 2 700 kJ/m³ 的压实功。研究发现，室内压实的试件毛体积密度为 1 909.4 kg/m³，远远小于现场压实后芯样的密度 2 159.3 kg/m³。

5.2.3 室内养护

1) 室内养护与现场养护的比较

Maccarrone 等(1994)探究了泡沫沥青冷再生混合料的养护条件，并发现混合料在 60 ℃下养护 3 天的模量与现场养护 12 个月的模量相似。Ruckel 等(1983)比较了三种室内加速养护方法(短期、中期、长期养护)与现场养护条件(干旱和中度气候)。试件在实验室内拌和与压实后，在室内温度下，在试模内养护 24 h，以避免脱模导致的试件破坏。就强度和稳定性而言，这个短期养护(24 h)与 1 天的现场养护相类似。在脱模以后，一部分的试件在 40 ℃的烘箱内养护 24 h(中期养护)。这个中期养护的效果相当于现场养护 7～14 天。最后，部分试件继续在 40 ℃的烘箱内养护 48 h(长期养护)。这个长期养护的效果相当于现场养护

30～200 天。表 5-5 总结了近期对泡沫沥青冷再生混合料的养护方法。其中,最常用的方法是在 40 ℃的烘箱内养护 3 天。

表 5-5 养护方法

组织/作者	养护方法
Muthen(1999)	3 天 60 ℃
Kim 等(2007); Eller 和 Olson(2009);ARRA(2017)	3 天 40 ℃
Kuna 等(2014)	室温下模具内 1 天+3～5 天 40 ℃
Iwański 等(2013)	模具内 1 天+3 天 40 ℃
Asphalt Academy(2009)	对于等级 1(ESAL 小于 300 万):3 天 40 ℃; 对于等级 2 和等级 3(ESAL 超过 300 万): 20 h 在 30 ℃下未密封+2 天在 40 ℃下密封
Wirtgen GmbH(2012)	3 天 40 ℃

注:养护之前,粗级配的混合料在模具内室温下存放 1 天。

2) 不同室内养护方法对试验结果的影响

Robert 等(1984)发现养护温度对湿劈裂强度的影响要大于对干燥劈裂强度的影响。在 60 ℃条件下养护的试件强度发展速度要远远快于较低养护温度(35 ℃或 24 ℃)下的试件强度。在养护 7 天以后,在 60 ℃条件下养护的试件强度几乎是较低养护温度下的试件强度的两倍。把在 24 ℃下养护了 14 天的试件移到 60 ℃的条件下额外养护 7 天,该条件下的劈裂强度增长有限,最终劈裂强度要远远低于只在 60 ℃的条件下养护 7 天的试件强度。Maccarrone 等(1994)研究了养护时间对试验结果的影响,并发现大部分的回弹模量是在前 7 天养护内形成的,之后直到 30 天的养护,仅能提高小部分的回弹模量。Kim 等(2007)发现在 40 ℃下养护 3 天的试件劈裂强度要低于 60 ℃下养护 2 天的试件劈裂强度。考虑到 40 ℃的温度更接近现场条件下冷再生基层的温度,研究建议对试件采用在 40 ℃下养护 3 天的养护方法。

Kim 等(2007)研究了养护时间和湿度对冷再生混合料性能的影响。选择的养护参数包括室温下初步养护时间、烘箱养护温度和烘箱养护时间。研究发现,具有较低湿度的养护后的试件,有着较高的劈裂强度、动态模量和流值。在养护初期,当湿度大于 1.5%时,劈裂强度增长缓慢。

Ruckel 等(1983)探究了试模内/外养护对湿度损失和强度发展的影响。试模内养护减缓了在室温下养护时湿度的损失。在 60 ℃的养护条件下,试模内的试件和脱模的试件的湿度损失差异不大。但是在 60 ℃的养护条件下,试模内养护的试件的马歇尔稳定度明显降低。

5.2.4 体积参数和强度试验

1) 体积参数测试

在强度测试之前,一般需测量冷再生混合料的体积参数。Saleh(2006)根据规范 AS2891.8 测量了冷再生泡沫沥青的体积参数。研究发现,泡沫沥青混合料的空隙率在 6% ～10%之间,即大约是压实的热拌沥青混合料试件空隙率的两倍;沥青饱和度(VFA)在 41.7%～44.2%的范围内,远远低于热拌沥青混合料的沥青饱和度(65%～75%)。此外,泡沫沥青冷再生混合料的矿料填隙率(VMA)大约为 15%。Kim 等(2007)发现当泡沫沥青冷再生混合料中加入更多泡沫沥青时,空隙率会降低。混合料的空隙率一般通过测量毛体积密度和最大理论密度而得到。大多数的文献中,并没有指明用于确定体积参数的测试方法。在近期的研究中,Cox 和 Howard(2016)建议采用自动真空密封法(AASHTO T331)来测量毛体积密度,因为冷再生混合料中的空隙率一般都大于 9%。表 5-6 列举出了在冷再生混合料中用于测量体积参数的方法。

表 5-6 体积特性测试方法

组织/作者	毛体积密度(Gmb)	最大理论密度(Gmm)
Cox 和 Howard(2016)	AASHTO T331	ASTM D6857
ARRA(2017)	AASHTO T166	AASHTO T209
Asphalt Academy(2009)	南非 TMH1-B14	—
Wirtgen GmbH(2012)	基于干重和试件维度	—

2) 强度试验

一般采用强度试验来确定泡沫沥青冷再生混合料中最佳泡沫沥青含量。其中最常用的强度试验方法为劈裂强度试验。此外,设计标准中也会采用试件的干湿劈裂强度比,即浸水劈裂强度与劈裂强度的比值。干湿劈裂强度比的标准是根据特定的养护条件确定的。表 5-7 总结了不同机构对冷再生混合料中劈裂强度和干湿劈裂强度比的要求。这些标准是针对在 40 ℃的条件下养护 3 天的试件而制定的。

表 5-7 级配设计标准

组织	劈裂强度(干)	劈裂强度(湿)	强度比
ARRA(2017)	大于 310 kPa	—	大于 70%
Asphalt Academy(2009) Wirtgen GmbH(2012)	大于 225 kPa	大于 100 kPa	大于 50% (Wirtgen GmbH)

Kim 等(2007)测试了泡沫沥青混合料的强度。经过 3 天 40 ℃的养护后,未浸水和浸水后的试件被用来测量马歇尔稳定度和劈裂强度。考虑到冷再生混合料的抗水损性能偏低,

研究建议采用浸水劈裂强度来确定最佳泡沫沥青含量(FAC)。同时,劈裂强度的峰值与稳定度的峰值相比,更容易显现。

Saleh(2007)发现,与热拌沥青混合料相比,泡沫沥青冷再生混合料有着较低的劈裂强度,而且矿粉填料对劈裂强度有着显著的影响。Iwański和Chomicz-Kowalska(2013)研究了不同最佳泡沫沥青含量对劈裂强度和马歇尔稳定度的影响。研究发现,当采用更多泡沫沥青时,混合料的稳定度提高,但是当沥青含量超过2.5%时,稳定度开始降低。Eller和Olson(2009)建议对未浸水和浸水劈裂强度试验的试件进行相应的养护。对于未浸水劈裂强度试验的试件,在25 ℃的烘箱中养护2 h;对于浸水劈裂强度试验的试件,会首先进行20 min的浸泡,然后在50 mm水银柱的抽真空压力下浸水50 min,最后在水中浸泡10 min。He和Wong(2006)建议用浸水劈裂强度的峰值来确定沥青含量在1%~5%下的最佳泡沫沥青含量。

5.2.5 确定最佳泡沫沥青含量和总含水量

混合料设计中,泡沫沥青含量(FAC)和总用水量(TWC)是最重要的两个因素。泡沫沥青提供了集料间的黏结强度;水能够促进混合料拌和与增强压实。在泡沫沥青冷再生混合料设计中,最佳泡沫沥青含量(OFAC)和最佳总用水量(OTWC)是设计的目标参数。这两个参数既可以同时确定也可以分别确定。

1) 同时确定 OFAC 和 OTWC

当同时确定最佳泡沫沥青含量和最佳总用水量时,制备的试件含有不同组合的泡沫沥青含量和总用水量。根据密度或者劈裂强度的峰值来确定最佳泡沫沥青含量和最佳总用水量。

Roberts等(1984)发现最佳泡沫沥青含量和最佳总用水量可以同最佳总液体量(总液体量包括泡沫沥青和水量)一起确定。在干燥和浸水的劈裂强度试验中,达到劈裂强度峰值时,总液体量基本一样。比如,含有0.5%的水和1.0%的泡沫沥青的试件劈裂强度与含有1.0%的水和0.5%的泡沫沥青的试件劈裂强度相当。

Kim等(2007)采用了部分析因实验设计来选择最佳泡沫沥青含量和最佳总用水量。对于采用的三种回收旧料级配,总共设计了包含5个沥青用量和4个总用水量的14个设计组合。研究发现,试件的最佳泡沫沥青含量与密度峰值、劈裂强度和马歇尔稳定度相匹配。同时发现,最佳总用水量要比回收旧料的最佳含水量低0.5%~1.0%。

Saleh(2004)研究了基于回弹模量和毛体积密度的等高线图来确定最佳泡沫沥青含量和最佳总用水量。采用两组相似的集料(其中矿粉的比例不同)用于回收。两组回收集料的最佳湿度含量都确定为6.0%。但是当与泡沫沥青拌和后,1组混合料的最佳总用水量是最佳湿度含量的1.2倍,而另一组混合料的最佳总用水量与最佳湿度含量一样。2006年,Saleh(2006)再次开展了类似的研究。研究中采用了基于回弹模量的等高线图来确定最佳泡沫沥青含量和最佳总用水量。研究发现，沥青的来源对选取这两个最佳用量的指标影响不大。但是，研究观察到，对于大多数的冷再生混合料，回弹模量的峰值在同一个总液体含量(大约为 10.2%)下获得。

2) 分别确定 OFAC 和 OTWC

当分开确定最佳泡沫沥青含量和最佳总用水量时，一般先确定最佳总用水量，然后再确定最佳泡沫沥青含量。最佳总用水量是根据回收旧料的最佳含水量来确定的。最佳泡沫沥青含量为在确定的最佳总用水量下的劈裂强度峰值/密度所对应的泡沫沥青含量。

Maccarrone 等(1994)建议在与泡沫沥青拌和前，在回收旧料/集料中加入 100% 的最佳水含量。这个预先湿润回收旧料的过程被认为可以帮助泡沫沥青扩散和协助压实。Muthen(1999)建议采用修改的 Proctor 测试法来决定集料的最佳水含量。对于选取最佳总用水量，则建议在 70%～80% 最佳含水量和最佳含水量减去最佳泡沫沥青含量之间，选取较大值。Kim 等(2007)研究了在假定同样的最佳总用水量的前提下，确定 7 种不同来源的回收旧料的最佳泡沫沥青含量。根据劈裂强度峰值和马歇尔稳定度的峰值，确定的最佳泡沫沥青含量为 1.5%～2.5%。回收旧料的沥青刚度与最佳泡沫沥青含量的相关度较高。基本的趋势是，含有较硬沥青的回收旧料需要更高的最佳泡沫沥青含量。此外，回收旧料中沥青含量对级配设计的影响不大。进行级配设计时，含有较粗级配的回收旧料需要较低的最佳泡沫沥青含量。Eller 和 Olson(2009)总结了明尼苏达州用于冷再生泡沫沥青混合料的设计实践，并提出了简化的设计方法。考虑到泡沫沥青具有一定的润滑效果，研究建议混合料中的最佳总用水量应该略低于回收旧料的最佳水含量。维特根公司在设计手册中建议将根据修改的 Proctor 测试法获得的回收材料的最佳水含量的 75%，作为混合料的最佳泡沫沥青含量(Wirtgen GmbH,2012)。美国沥青再生协会推荐采用回收旧料 100% 的最佳水含量作为混合料的最佳总用水量。同时认为，如果在试件脱模的过程中发现有多余的水，则可采用回收旧料 75% 的最佳水含量作为混合料的最佳总用水量。Kuna 等(2014)提出了基于旋转压实的混合料设计方法。研究中采用干燥和浸水的劈裂强度值，还有劈裂强度模量来确定最佳总用水量。研究建议将由修改的 Proctor 测试法确定的回收旧料/集料的最佳含水量的 75%～85% 作为最佳总用水量。

5.3 泡沫沥青冷再生混合料配合比设计方法

泡沫沥青冷再生混合料配合比设计方法以试验测试法为主，其中比较有代表性的方法有中国《公路沥青路面再生技术规范》(JTG/T 5521—2019)法、美国 AASHTO MP38 法、Wirtgen GmbH 设计法及南非沥青协会配合比设计法等。

5.3.1 《公路沥青路面再生技术规范》(JTG/T 5521—2019)

泡沫沥青冷再生混合料配合比设计方法一般采用马歇尔方法。在有实验条件的情况下,可以采用旋转压实成型或振动压实成型,其中的压实参数和技术要求需要通过试验论证确定。

如图5-3所示,泡沫沥青冷再生混合料的设计中包括沥青路面回收料的取样与分析,确定工程设计级配范围,材料选择与试验,矿料配合比设计,确定最佳含水量,确定最佳泡沫沥青用量,配合比设计检验。

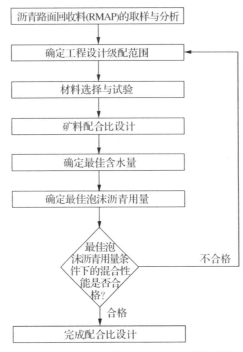

图5-3 泡沫沥青冷再生混合料设计流程图

1) 沥青路面回收料的取样与分析

对于厂拌冷再生的混合料配合比设计,回收旧料(RAP)应按规定从处理后的沥青混合料回收旧料的料堆中取样。对于就地冷再生和全深式冷再生的混合料配合比设计,沥青路面回收料(RMAP)应按规定从原路面取样。

沥青路面回收料中,回收旧料(RAP)应该测试表5-8中的RAP技术指标,而无机回收料(RAI)应该测试其含水量和级配。

表5-8 RAP技术指标

材料	检测项目	试验方法
回收旧料(RAP)	含水量 RAP矿料级配 沥青含量 砂当量	JTG/T 5521—2019附录B

续表 5-8

材料	检测项目	试验方法
RAP 中的沥青①	25 ℃ 针入度 60 ℃ 动力黏度 软化点 15 ℃ 延度	抽提②,《公路工程沥青及沥青混合料试验规程》(JTG E20—2011)
RAP 中的粗集料	针片状颗粒含量 压碎值	抽提,《公路工程集料试验规程》(JTG E42—2005)
RAP 中的细集料	棱角性	

注：① 用于三、四级公路或者是用于底基层的冷再生,RAP 中的沥青和粗细集料指标可不做检测；② 对于燃烧法不会对石质产生破坏的材料,可用燃烧法替代抽提法获得粗细集料用于检测。

此外,回收旧料(RAP)应该满足表 5-9 的 RAP 技术要求,而无机回收料(RAI)应该满足表 5-10 的 RAI 技术要求。

表 5-9　RAP 技术要求

厂拌冷再生,预处理后的 RAP	RAP	最大颗粒粒径/mm	设计级配允许的最大粒径	JTG/T 5521—2019 附录 B
	4.75 mm 以下的 RAP	砂当量/%	≥50	

表 5-10　RAI 技术要求

检测项目	技术要求	试验方法
含水量/%	≤3	JTG 3430—2020 T 0103
最大粒径/mm	≤37.5	JTG 3430—2020 T 0115
不均匀系数	≥5	JTG 3430—2020 T 0115
塑性指数 I_P	≤17	JTG 3430—2020 T 0118

2) 确定工程设计级配范围

根据交通等级、工程性质、交通特点、材料品种等因素,来确定工程设计级配范围。其中泡沫沥青冷再生混合料级配范围应满足表 5-11 的要求。

表 5-11　泡沫沥青冷再生混合料级配范围

筛孔/mm	各筛孔的通过率/%		
	粗粒式	中粒式	细粒式
37.5	100	—	—
26.5	85～100	100	—
19	—	85～100	100

续表 5-11

筛孔/mm	各筛孔的通过率/%		
	粗粒式	中粒式	细粒式
13.2	60~85	—	85~100
9.5	—	55~80	—
4.75	30~55	35~60	40~65
2.36	20~40	25~45	28~45
0.3	7~20	8~22	9~23
0.075	4~12	4~12	4~12

根据泡沫沥青冷再生混合料的应用情况，当混合料用于柔性基层时，宜采用粗粒式级配；用于中、下面层时，宜采用粗粒式或者中粒式级配；用于轻交通荷载等级的公路时，宜采用细粒式级配。

当采用马歇尔击实法击实成型时，对于中、细粒式冷再生混合料，宜采用标准击实法击实成型（ϕ101.6 mm×63.5 mm）；对于粗粒式冷再生混合料，宜采用大型击实法击实成型（ϕ152.4 mm×95.3 mm）。

3) **材料选择与试验**

配合比设计所用的集料，其质量应满足相关的技术要求。当单一规格的集料某项指标不达标，但是不同粒径规格的集料按照设计级配形成的冷再生混合料指标能符合规范要求时，允许使用。

泡沫沥青的发泡性能应满足表 5-12 的要求。在不影响沥青和混合料性能的前提下，可以使用发泡剂来改善沥青发泡性能。

表 5-12 泡沫沥青技术要求

指标	技术要求	试验方法
膨胀率	10	JTG/T 5521—2019 附录 C
半衰期/s	8	JTG/T 5521—2019 附录 C

配合比设计的各种矿料、沥青路面回收料（RMAP）、水泥等应按相关规定，从工程实际使用的材料中获取有代表性的样品进行检测，质量应满足相关要求。

4) **矿料配合比设计**

分别测得沥青路面回收料（RMAP）、新集料、水泥等各组成材料的级配。在级配设计中以沥青路面回收料（RMAP）为基础，掺加不同比例的新集料、水泥等，使合成级配满足工程设计级配的要求。合成级配曲线应该平顺，不宜有锯齿形交错。

第五章 泡沫沥青冷再生混合料配合比设计

5) 确定最佳含水量

参照《公路土工试验规程》(JTG 3430—2020) T 0131 的方法,在不添加泡沫沥青的情况下,以含水量为变量,对合成矿料进行击实试验以获得最大干密度,对应的含水量即为冷再生混合料最佳含水量(OWC)。在工程实践中发现,采用通过击实试验确定的最大干密度所对应的含水量的 80% 可能更有利于泡沫沥青分散及保证混合料性能。

6) 确定最佳泡沫沥青用量

以预估的沥青用量为中值,按照一定间隔变化形成 4~5 个泡沫沥青用量,取 1~3 个水泥用量,保持冷再生混合料最佳含水量不变,按照以下方法制备马歇尔试件:

(1) 向拌和机内加入足够的拌和均匀的含沥青路面回收料(RMAP)的混合集料;

(2) 按照计算得到的水量加水,拌和均匀,拌和时间一般为 1 min;

(3) 按照计算的泡沫沥青量加入泡沫沥青,拌和均匀,拌和时间一般为 1 min;

(4) 将拌和均匀的混合料装入试模,放在马歇尔击实仪上,双面各击实 75 次(标准击实试件)或 112 次(大型击实试件);

(5) 将试样连同试模一起侧放在 60 ℃的鼓风烘箱中养生至恒重,养生时间一般不少于 40 h;

(6) 将试模从烘箱中取出,试样直接侧放冷却 12 h 后脱模。

接下来,将各组泡沫沥青用量试件进行 15 ℃劈裂试验、浸水 24 h 劈裂试验。

(1) 15 ℃劈裂试验方法:应按照《公路工程沥青及沥青混合料试验规程》(JTG E20—2011) T 0716,将试件浸泡在 15 ℃恒温水中 2 h(标准马歇尔试件)或 4 h(大型马歇尔试件),然后取出试件立即测试 15 ℃劈裂试验强度。

(2) 浸水 24 h 劈裂试验方法:将试件完全浸泡在 25 ℃恒温水中 22 h,再按照《公路工程沥青及沥青混合料试验规程》(JTG E20—2011) T 0716,将试件浸泡在 15 ℃恒温水中 2 h(标准马歇尔试件)或 4 h(大型马歇尔试件),然后取出试件立即进行劈裂试验,结果即为浸水 24 h 劈裂试验强度。

(3) 干湿劈裂强度比是浸水 24 h 的劈裂试验强度与 15 ℃劈裂试验强度的比值,按照式(5-1)计算干湿劈裂强度比。

$$R_{w/d} = \frac{P_w}{P_d} \times 100\% \tag{5-1}$$

式中,P_w 为试件浸水 24 h 劈裂试验强度(单位:MPa);P_d 为试件 15 ℃劈裂试验强度(单位:MPa);$R_{w/d}$ 为试件干湿劈裂强度比(单位:%)。

通常情况下,将 15 ℃劈裂强度试验和干湿劈裂强度比试验结果获得最佳(一般为峰值)时对应的泡沫沥青用量和水泥用量,作为最佳泡沫沥青用量(OFC)和水泥用量。当试验结果无明显峰值时,应结合工程经验综合确定最佳沥青用量(OFC)和水泥用量。

泡沫沥青冷再生混合料设计应满足表 5-13 中的技术要求。

表 5-13 泡沫沥青冷再生混合料设计技术要求

试验项目		技术要求		试验方法
马歇尔试件尺寸/mm	中、细粒式	101.6 mm×63.5 mm		JTG E20—2011 T 0702
	粗粒式	152.4 mm×95.3 mm		
马歇尔试件双面击实次数	中、细粒式	75		
	粗粒式	112		
劈裂强度试验	15 ℃劈裂强度/MPa	层位	重及以上交通荷载等级	其他交通荷载等级	JTG/T 5521—2019 附录F
		面层	≥0.60	≥0.50	
		基层及以下	≥0.50	≥0.40	
	干湿劈裂强度比/%		≥80	≥75	JTG/T 5521—2019 附录F

7) 配合比设计检验

对于重及以上交通荷载等级的公路,应对泡沫沥青冷再生混合料的冻融劈裂强度比指标进行检验,用于面层时还应对其动稳定度指标进行检验。配合比设计检验方法应满足下列要求:

对成型试件进行冻融劈裂试验。对于冻融劈裂试件成型的击实次数,小型马歇尔试件应为双面各击实50次,大型马歇尔试件应为双面各击实75次。试件和试模一起侧放在60 ℃的鼓风烘箱中养生40 h以上。然后按照《公路工程沥青及沥青混合料试验规程》(JTG E20—2011)T 0729冻融劈裂试验方法对混合料进行检验,试验结果应满足表5-14的要求。同时,对成型试件进行车辙试验。车辙试样成型方法及试验结果应满足表5-14的要求。

表 5-14 泡沫沥青冷再生混合料性能检验指标要求

试验项目	技术要求		试验方法
	重及以上交通荷载等级	其他交通荷载等级	
冻融劈裂强度比/%	≥75	≥70	JTG/T 5521—2019 附录F
动稳定度(60 ℃)/(次/mm)	≥2 000	—	JTG E20—2011 T 0719

5.3.2 美国 AASHTO MP38 泡沫沥青冷再生混合料的级配设计

规范 AASHTO MP38 泡沫沥青冷再生混合料的级配设计(Standard Specification for Mix Design of Cold Recycled Mixture with Foamed Asphalt)规定了泡沫沥青就地冷再生和厂拌冷再生材料的混合料设计方法,并提出了最低的质量要求。

设计流程如下:

1) 回收旧料的要求

从已有的回收旧料的料堆中收集回收旧料或从钻芯中获取破碎集料用来生产表 5-15 中 3 个级配带中的 2 个级配。或者,如果过去的经验中有从铣刨料中获取稳定一致的现场级配,那么将回收旧料处理成稳定的现场级配。

表 5-15 回收旧料级配要求

粒径	通过率/%		
	细级配	中间级配	粗级配
31.5 mm	100	100	100
25 mm	100	100	85~100
19 mm	95~100	85~96	75~92
4.75 mm	65~75	40~65	30~45
0.6 mm	15~35	4~14	1~7

值得注意的是,推荐根据当地的情况和施工设备来调整级配。在同一个项目中,不同试件中的级配会有一定的不同。为了获取最佳混合料性能,可以在现场微调发泡沥青用量,应确保回收旧料至少满足一个沥青基层混合料的质量要求。在混合料设计中,采用两个级配进行设计,能够为确定泡沫沥青含量选取合适的范围。

为了提高泡沫沥青的分散性能和降低混合料的水损害,可以在混合料中添加少量(1%的质量比)的活性添加剂(水泥或熟石灰)。如果在未加活性添加剂的情况下,混合料的劈裂强度比(TSR)大于 0.6,那么该级配不需要添加活性添加剂。

如果需要加入新集料,那么新集料应该至少满足机构的质量要求中对一种沥青混合料的要求。对于厂拌冷再生沥青混合料,新集料在混合料中的比重不应该超过 50%。

2) 泡沫沥青和添加剂的要求

所用的沥青应该是根据 PG 等级分类的沥青,即满足 AASHTO M320 或 M332 的要求。对于泡沫沥青,根据 LTPPBind 3.1 软件来确定低温要求。通常情况下,选取的沥青,其高温和低温的温度差应小于 89 ℃。需要确定最佳发泡用水量使得泡沫沥青混合料达到合适的工作性能。

当使用活性添加剂时,应满足相关的材料性能要求。如果采用了Ⅰ类或Ⅱ类水泥,那么应满足 AASHTO M85 的要求;如果采用了熟石灰,那么应满足 AASHTO M216 的要求。

3) 冷再生混合料的级配设计要求

通过 AASHTO PP94 确定泡沫沥青冷再生中的最佳沥青含量。其中,AASHTO PP94 泡沫沥青冷再生中最佳沥青含量的确定(Standard Specification for Determination of Optimum

Asphalt Content of Cold Recycled Mixture with Foamed Asphalt),大体过程如下：

(1) 回收旧料的取样(满足就地和厂拌的取样要求)；

(2) 确定回收旧料的沥青含量和级配；

(3) 确定回收旧料的最佳含水量(AASHTO T180)；

(4) 选择回收剂(Wirtgen GmbH,2012)；

(5) 确定强度和强度比；

(6) 泡沫沥青含量的选择。

采用最佳沥青含量,混合料应该满足表 5-16 的相关要求。

表 5-16 泡沫沥青冷再生混合料设计要求

测试方法	标准	性质
干燥状态下间接拉伸强度,AASHTO T283	最低值 310 kPa	养护后强度
拉伸强度比,AASHTO T283	最低值 70%(水泥)	抵抗水损害
	最低值 60%(熟石灰)	
	最低值 60%(无添加剂)	

注：选取任意一种间接拉伸强度试验。

5.3.3　Wirtgen GmbH 设计法(2012 年)

泡沫沥青冷再生混合料的设计主要有四个目的：

(1) 确定选择的材料是否适合采用泡沫沥青进行稳定；

(2) 确定泡沫沥青中是否需要活性添加剂；

(3) 确定混合料中最佳泡沫沥青含量和活性添加剂的剂量；

(4) 获取混合料的工程性能。

Wirtgen GmbH 设计手册中关于泡沫沥青冷再生混合料的设计主要有以下 9 个步骤：

1) 取样和相关准备

在现场调研过程中,需要从试验路段获取大量的样品。上层路面(±300 mm)中每一层都需要分别取样,其中每层材料至少需要获取 200 kg 的样品。然后进行混合料设计。当从黏结材料层(沥青和之前的稳定材料)中采集样品时,应使用小型铣刨机(或回收机)现场粉碎材料,用以模拟路面回收后的材料分级过程。如有需要,可将不同层的材料进行拌和,从而模拟得到通过全深式冷再生技术而获得的样品。

获取的材料需要进行相关试验：级配分析(ASTM D422),材料的塑性指数(ASTM D4318)和湿度与密度关系曲线(AASHTO T180)。

2) 活性添加剂要求

通常情况下,为了增强沥青的分散效果和降低水损害,会在泡沫沥青中添加少量(1%的质量比)的活性添加剂(水泥或者熟石灰)。采用塑性指数来决定是否需要使用活性添加剂，如表5-17所示。

表5-17 活性添加剂添加要求

塑性指数<10	塑性指数>10
对直径为100 mm的试件进行间接拉伸强度试验，用以确定是否添加水泥或者熟石灰	对材料添加熟石灰进行预处理

3) 确定沥青的发泡特性

通过调节沥青的温度和发泡用水量，获取沥青的膨胀率和半衰期。通常，设定的沥青温度范围为160~190 ℃。选取的沥青，膨胀率和半衰期分别至少为8 s和6 s。

4) 制取泡沫沥青混合料

通过采用不同泡沫沥青的含量(如2.1%、2.3%、2.5%和2.7%)，来制取泡沫沥青混合料。

5) 试件的制备

根据级配的大小，有两种不同的试件尺寸。如表5-18所示，对于中、细粒式冷再生混合料，宜采用标准尺寸的试模和修改的马歇尔击实法击实成型(ϕ100 mm×63.5 mm)；对于粗粒式冷再生混合料，宜采用大尺寸的试模和修改的AASHTO T180法击实成型(ϕ150 mm×95.0 mm)。

表5-18 试件尺寸和压实方式

试件直径	试件高度	压实方式
100 mm	63.5 mm	修改的马歇尔击实法*
150 mm	95.0 mm	修改的AASHTO法

注：*75次/面。

6) 试件的养护

试件的养护方法有两种：第一种方法是将试件干燥至恒重的标准方法；第二种方法是模拟现场养护条件，即试件达到50%左右的最佳含水量。方法一适用于两种尺寸的试件，而方法二只适用于大尺寸(150 mm直径)的试件。

方法一：将试件(直径为100 mm或150 mm)放入40 ℃的鼓风烘箱中养护至恒重(一般为72 h)。为确定试件是否已达恒重，在养护后期，以4 h为时间段，取出试件并测量其质量。当试件达到恒重时，将试件从烘箱中取出，并让试件冷却至室温。

方法二：将直径为150 mm的试件放入30 ℃的鼓风烘箱中养护20 h(或者直到试件达到50%左右的最佳含水量)。将试件从烘箱中取出，并用塑料膜包裹，然后将试件放入40 ℃的烘箱中进一步养护48 h后，将试件从烘箱中取出，剥离塑料膜，并让试件冷却至室温。

7) 试验前试件的准备工作

首先,测量冷却后试件的毛体积密度。然后,取一半的试件(通常是3个)浸泡在25 ℃的水中24 h。

8) 确定试件的劈裂强度

在不同的养护条件下,对试件进行相对应的处理。通过劈裂试验,获取不同状态试件的劈裂强度,如表5-19所示。

表5-19 劈裂强度试验参数及对应的养生条件

参数	试件直径	养生	湿度
ITS_{dry}	100 mm 或 150 mm	72 h 未密封	<1%
ITS_{wet}	100 mm 或 150 mm	24 h 浸水	饱和状态
ITS_{equil}	150 mm	20 h 未密封,48 h 密封	±50%的最佳湿度含量
ITS_{soak}	150 mm	24 h 浸水	半饱和状态

9) 分析劈裂强度试验结果

根据劈裂强度试验的结果,选取满足劈裂强度(ITS)值要求的材料。

5.3.4 南非沥青协会设计法(2009年)

近年来,南非的研究人员对泡沫沥青与乳化沥青做了深入研究。南非沥青协会根据材料特性和设计交通量,将沥青稳定材料分为BSM1、BSM2和BSM3三类。BSM1类混合料具有高抗剪性能,通常用于交通量大于600万标准轴载的基层。一般是采用级配良好的碎石或者回收旧料。BSM2类混合料具有中等抗剪性能,通常用于交通量小于600万标准轴载的基层。一般是采用级配良好的天然砾石或者回收旧料。BSM3类混合料主要是高沥青含量的砾石土或砂,仅用于交通量小于100万标准轴载的基层。我们在这里对南非沥青协会的泡沫沥青混合料设计方法进行介绍。

泡沫沥青混合料设计的主要目的是使混合料满足抗永久变形、水稳定性和耐久性的要求。混合料的车辙性能受到集料性质(棱角性、形状、硬度、粗糙度)、最大公称粒径、压实度及沥青含量的影响;混合料的水稳定性能主要受到混合料内高湿度或者行车引起的动水压力作用的影响。

为了使混合料满足路用性能要求,泡沫沥青冷再生混合料设计中需要对道路的设计交通量、集料质量和相应的经济成本进行考虑。针对不同的交通量,南非沥青协会提出了三种不同的设计水平。水平1混合料设计主要针对轻度交通量的路面(小于300万标准轴载);水平2混合料设计主要针对中度交通量的路面(在300万到600万标准轴载之间);水平3混合料设计主要针对重度交通量的路面(大于600万标准轴载)。针对三种不同的设计水平,其主要的设计方法如表 5-20 所示。

表 5-20　泡沫沥青稳定材料设计方法

水平	力学测试	试件尺寸（直径×高度）	成型方法	养生	目的
水平 1	干、湿 ITS 和弯拉强度比	100 mm×63 mm	振动击实法或马歇尔击实法	干 ITS：40 ℃烘箱中养生 72 h；湿 ITS：25 ℃浸水 24 h	最佳泡沫沥青用量；活性填料类型和用量
水平 2	平衡含水量 ITS 和保水 ITS	150 mm×127 mm	振动击实法	平衡含水量 ITS：30 ℃不密封养生 20 h，40 ℃密封养生 48 h；保水 ITS：保水养生 24 h	最佳泡沫沥青用量
水平 3	三轴试验	150 mm×300 mm	振动击实法	40 ℃烘箱中养生 72 h	剪切性能；水稳定性

该混合料设计方法中,主要是采用劈裂强度(ITS)和三轴试验对混合料进行相关的力学性能测试。如表 5-21 所示,干燥状态下的劈裂强度(ITS_{dry})试验用来确定最佳沥青用量,而潮湿状态下的劈裂强度(ITS_{wet})试验用来确定是否需要活性填料。如果劈裂强度比(TSR)小于 50% 且 ITS_{dry} 大于 400 kPa 时,那么就意味着混合料有问题,需要调整。此外,平衡含水量 ITS(ITS_{equil})试验主要是用来优化沥青用量,保水 ITS(ITS_{soaked})试验是用来核对 ITS_{wet} 的值。

表 5-21　泡沫沥青稳定材料 ITS 性能要求

试验	试件直径	BSM1	BSM2	BSM3	目标
ITS_{dry}	100 mm	>225 kPa	175~225 kPa	125~175 kPa	确定最佳沥青用量
ITS_{wet}		>100 kPa	75~100 kPa	50~75 kPa	确定是否需要活性填料
TSR		—			当 TSR<50% 且 ITS_{dry}>400 kPa 时,显示稳定混合料出现问题
ITS_{equil}	150 mm	>175 kPa	135~175 kPa	95~135 kPa	优化沥青用量
ITS_{soad}		>150 kPa	100~150 kPa	60~100 kPa	核对 ITS_{wet}

此外,可以通过三轴试验和高温动水冲刷法(MIST 试验法)更有效地评估泡沫沥青稳定材料的水稳定性能。对于三类泡沫沥青稳定材料,其相对应的三轴试验性能要求如表 5-22 所示。

表 5-22 泡沫沥青稳定材料三轴试验性能要求

试验项目或指标	BSM1	BSM2	BSM3
黏结力/kPa	>250	100~250	50~100
摩擦角/°	>40	30~40	≤30
残留黏结力(MIST)/kPa	>75	60~75	50~60

5.3.5 美国 Iowa 交通厅设计法(2007 年)

2007 年,美国艾奥瓦州(Iowa)发布了关于泡沫沥青冷再生混合料的室内试验混合料设计方法(Lee 等,2007)。该方法主要采用 Wirtgen WLB10 型发泡机进行发泡,旋转压实仪对试件进行压实成型。主要分为 8 个步骤:

步骤 1. 回收旧料的准备工作

步骤 1.1 为拌和回收旧料准备冷水。

步骤 1.2 对一组 3 个平行试件,准备 4 500 g 回收旧料。

步骤 2. 拌和

步骤 2.1 将回收旧料和 85% 最佳水含量的水倒入拌和碗中,以 2 级速度缓慢启动搅拌机并拌和约 30 s。

步骤 2.2 选定最佳发泡用水量,然后将泡沫沥青洒在湿的回收旧料上,并搅拌约 30 s。

步骤 3. 压实

步骤 3.1 称取 1 150 g 的泡沫沥青混合料,然后放置在直径为 101.6 mm 的旋转压实模具中。一旦混合料进入模具后,应在边缘捣实 10~15 次,然后在中心捣实 5~10 次。试件的上下表面不需要使用纸片。

步骤 3.2 用旋转压实仪对试件进行压实 30 次。旋转压实仪中,压实角度为 1.25°,旋转速度为 30 r/min,压实压力为 600 kPa。

步骤 3.3 压实完成后,立即脱模。

步骤 3.4 共准备 15 个试件。压实 5 个不同泡沫沥青含量(1.0%、1.5%、2.0%、2.5% 和 3.0%)的试件,其中每个泡沫沥青含量有 3 个平行试件。

步骤 4. 养护

步骤 4.1 将压实好的混合料放置在 40 ℃ 的烘箱中养护 72 h。

步骤 4.2 之后,将试件放置在室内冷却 2 h。如果使用了风扇,那么冷却时间可减少到 15 min。

步骤 5. 测量试件的体积参数

步骤 5.1 测量试件的干重。

步骤5.2 根据ASTM D1188,计算试件的毛体积密度Gmb。

步骤5.3 根据ASTM D4123,测量最大理论密度Gmm。

步骤5.4 计算试件空隙率。

步骤6. 试件的真空饱和

步骤6.1 将试件放在25 ℃的水中浸泡30 min,然后在20 mmHg(约2.66 kPa)的真空下饱和30 min,最后将试件放置在水中浸泡30 min。

步骤7. 劈裂强度试验

步骤7.1 根据ASTM D2041,对试件进行劈裂强度试验。

步骤7.2 对5个不同沥青含量的试件,计算平均劈裂强度。

步骤8. 确定最佳泡沫沥青含量

步骤8.1 如图5-4所示,绘制:(a) 毛体积密度与泡沫沥青含量(FAC)关系图;(b) 空隙率与泡沫沥青含量(FAC)关系图;(c) 劈裂强度与泡沫沥青含量(FAC)关系图。

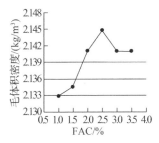
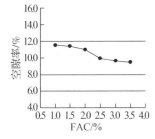
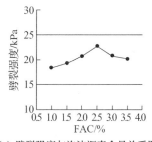

(a) 毛体积密度与泡沫沥青含量关系图　(b) 空隙率与泡沫沥青含量关系图　(c) 劈裂强度与泡沫沥青含量关系图

图5-4　毛体积密度、空隙率、劈裂强度与泡沫沥青含量关系图

步骤8.2 选取最大劈裂强度对应的沥青含量作为最佳泡沫沥青含量,如图5-5所示。

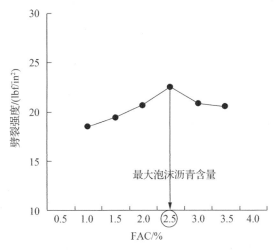

图5-5　确定最佳泡沫沥青含量(1 lbf/in² ＝6 894.757 Pa)

5.4 泡沫沥青冷再生混合料设计案例

5.4.1 沥青最佳发泡条件

试验中采用中海70#沥青,检验沥青三大指标及老化后各项指标。根据《公路工程沥青及沥青混合料试验规程》T 0604 沥青针入度试验、T 0605 沥青延度试验、T 0606 沥青软化点试验(环球法)、T 0610 沥青旋转薄膜加热试验,测定沥青针入度、软化点、延度及老化后针入度、软化点、延度、质量损失,检验沥青质量是否合格。

沥青发泡特性试验中使用了WLB10型沥青发泡试验机,见图5-6,这台机器装有曾用在维特根各类道路再生机上的沥青喷射系统,只是按比例缩小了。该机器可以约以100 g/s的速率喷射沥青。采用的泡沫沥青的低碳钢铁桶与测量膨胀体积的量尺应与500 g沥青的喷射量相对应。发泡温度的变化会导致沥青黏度的变化,从而对喷射泡沫沥青的流量产生影响,因此每次试验前均要调整沥青喷射时间,以保证沥青喷射量为500 g。用水量需与沥青流量相对应,因此标定完沥青喷射量就要根据沥青流量标定用水量。值得注意的是,对于沥青与水的标定都是在一定的气压与水压下进行的,压力参数的变化对沥青喷射流量和用水量影响明显,因此,试验中水压和气压应严格控制。本试验所标定的沥青流量为108 g/s,500 g沥青喷射时间为4.63 s。沥青循环时水压强为5 kPa,气压强为4 kPa。采用膨胀比和半衰期两个指标,通过改变发泡温度和用水量来确定膨胀比和半衰期的关系,以确定最佳的发泡效果。发泡状态下的沥青见图5-7。

 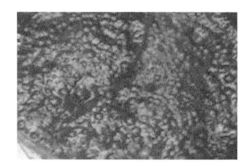

图 5-6 WLB10型沥青发泡试验机　　　　　图 5-7 泡沫沥青

试验用沥青为中海70#沥青,按照规范要求进行沥青三大指标试验及老化试验。试验结果见表5-23。

本试验采用155 ℃和165 ℃两种试验温度,采用1.5%、2%、2.5%、3%四种用水量。每种试验至少测3次,去掉偏差比较大的数据,取平均值,详见表5-24,发泡曲线见图5-8和图5-9。

表 5-23　沥青性能试验结果

针入度 25 ℃/0.1 mm			软化点/℃	延度 10 ℃/cm
66	67	68	46.8	34.1
平均	67			
薄膜烘箱老化后				
针入度 25 ℃/0.1 mm			延度 10 ℃/cm	
44	43	45	9.08	
平均	44			
质量损失/%			−0.03	

表 5-24　发泡特性数据

温度/℃	用水量/%	平均半衰期/s	平均膨胀率
155	1.5	7.7	12.3
	2	8.5	17.8
	2.5	5.7	18
	3	5.7	22
165	1.5	7.7	16.7
	2	7	17.3
	2.5	5	21.7
	3	4.7	23

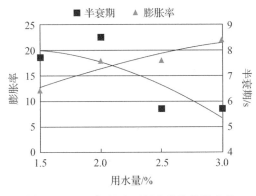

图 5-8　155 ℃温度下沥青发泡特性曲线

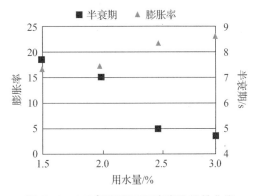

图 5-9　165 ℃温度下沥青发泡特性曲线

5.4.2　混合料级配

级配设计参考维特根冷再生手册所提供的级配范围，并按照最大密实度理论进行设计。

应尽可能多用回收旧料(RAP)，少添加细集料。

为了将 RAP 的级配变异性控制到最小，首先将 RAP 筛分为两档，以 9.5 mm 筛孔为界，将筛分好的两档 RAP 按照 4 分法取样，在 40 ℃ 通风烘箱内烘干至恒重(温度过高容易使铣刨料中的细料结团)，按照规范要求筛分。石屑用水洗法筛分。各种材料筛分两次，结果取平均值，筛分结果见表 5-25。

表 5-25 各集料筛分结果汇总

材料	在下列筛孔尺寸(mm)上的通过率/%												
	31.5	26.5	19	16	13.2	9.5	4.75	2.36	1.18	0.6	0.3	0.15	0.075
石屑	100.0	100.0	100.0	100.0	100.0	100.0	100.0	90.8	64.1	40.0	24.6	15.6	9.0
RAP (<9.5)	100.0	100.0	100.0	100.0	100.0	99.8	50.0	22.8	12.0	4.8	1.5	0.2	0.1
RAP (>9.5)	100.0	81.1	55.4	40.8	27.2	2.3	0.1	0.1	0.1	0.1	0.1	0.1	0.1

RAP 材料中细料含量偏少，特别是 0.075 mm 筛孔的通过率很小，这主要是因为 RAP 中旧沥青将粗、细料黏结在一起形成块状，使得混合料中分散的细料大大小于实际的含量。如前文所述，由于将泡沫沥青作为稳定剂进行冷再生时，混合料中必须含有一定量的分散细料，以利于沥青的分散和对集料的吸附，因此必须添加部分细集料以改善 RAP 材料的级配。级配曲线如图 5-10 和图 5-11 所示，各筛孔通过率见表 5-26 和表 5-27。各档料选取比例为：

	石屑	＋	RAP(<9.5)	＋	RAP(>9.5)	＋	水泥
级配一:	28.5%		30%		40%		1.5%
级配二:	23.5%		30%		45%		1.5%

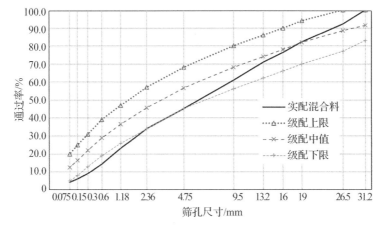

图 5-10 级配一的级配曲线

第五章 泡沫沥青冷再生混合料配合比设计

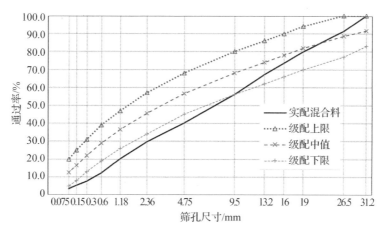

图 5‑11 级配二的级配曲线

表 5‑26 级配一各筛孔通过率

筛孔尺寸/mm	31.5	26.5	19	16	13.2	9.5	4.75	2.36	1.18	0.6	0.3	0.15	0.075
混合料级配/%	100	92.4	82.2	76.3	70.9	60.9	45	34.2	23.4	14.3	9	6	4.1
级配上限/%	100	100	94	90	86	80	68	57	47	39	31	25	20
级配下限/%	83	77	70	66	62	56	45	34	26	19	13	8	5
级配中值/%	91.5	88.5	82	78	74	68	56.5	45.5	36.5	29	22	16.5	12.5

表 5‑27 级配二各筛孔通过率

筛孔尺寸/mm	31.5	26.5	19	16	13.2	9.5	4.75	2.36	1.18	0.6	0.3	0.15	0.075
混合料级配/%	100	91.5	79.9	73.4	67.2	56	40	29.7	20.2	12.3	7.7	5.3	3.6
级配上限/%	100	100	94	90	86	80	68	57	47	39	31	25	20
级配下限/%	83	77	70	66	62	56	45	34	26	19	13	8	5
级配中值/%	91.5	88.5	82	78	74	68	56.5	45.5	36.5	29	22	16.5	12.5

本试验选择此两种级配的依据为：

（1）连续级配理论，且尽量落在维特根所给级配范围内。

（2）尽可能充分利用 RAP，即细 RAP 用量小于粗 RAP，且比接近 3∶5。

（3）调整石屑用量，对比试验结果。

（说明：虽然试验结果有差别，但选取的两种级配差别过小，在后续试验中应注意。）

由于试验中旧的铣刨料用完，新铣刨料相对于原铣刨料级配有变化，因此调整并确定级配三。本书中部分试验所用级配为级配三，其各筛孔通过率见表 5‑28，级配曲线见图 5‑12。级配三混合料级配如表 5‑29 所示。第三种级配各档料选取比例为：

石屑　　＋　RAP(＜9.5)　＋　RAP(＞9.5)　＋　水泥
13.5%　　　50%　　　　　　35%　　　　　　1.5%

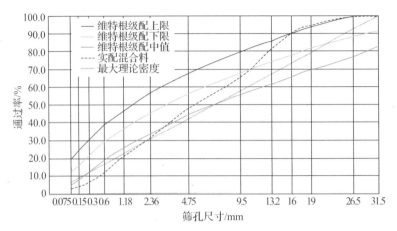

图 5-12　级配三的级配曲线

表 5-28　级配三各筛孔通过率

材料	在下列筛孔尺寸(mm)上的通过率/%											
	31.5	26.5	19	16	13.2	9.5	4.75	2.36	1.18	0.6	0.3	0.15	0.075
石屑	100	100	100	100	100	100	100	90.8	64.1	40	24.6	15.6	9
RAP(<9.5)	100	100	100	100	96.6	92.2	63.3	34.8	21	9.7	3.3	0.9	0.2
RAP(>9.5)	100	98.9	85.4	72.6	53.4	13.6	3.7	2.1	1.5	0.9	0.5	0.2	0

表 5-29　级配三混合料级配

筛孔尺寸/mm	31.5	26.5	19	16	13.2	9.5	4.75	2.36	1.18	0.6	0.3	0.15	0.075
混合料级配/%	100	99.6	94.9	90.4	82	65.9	47.9	31.9	21.2	12.1	6.6	4.1	2.8
级配上限/%	100	100	94	90	86	80	68	57	47	39	31	25	20
级配下限/%	83	77	70	66	62	56	45	34	26	19	13	8	5
级配中值/%	91.5	88.5	82	78	74	68	56.5	45.5	36.5	29	22	16.5	12.5

5.4.3　最佳含水量

泡沫沥青混合料不像热拌沥青混合料那样沥青在混合料中对集料完全裹覆,而是均匀分散在混合料内部,在一定的拌和速率及拌和时间条件下,泡沫沥青的分散情况主要与混合料的含水量有关。然而并不是水分含量越多分散效果越好,混合料性能就越好,过多的水分会过于润滑混合料,而使压实度不够,过多的水分在混合料试件压实成型时被挤出。且水分过多,在试件养生过程中,水分散失,使混合料空隙率过大,渗水率及水稳定性变差。

确定最佳含水量的目的是为了确定拌和及成型(压实)的最佳含水量,以及获得泡沫沥青混合料的最大干密度。在确定最佳含水量和最大干密度时,按照土工重型击实试验方法确定。

参照《公路工程土工规程》T 0131击实试验,对于粒径不大于38 mm的材料采用重型Ⅱ-2法,锤底直径5 cm,锤重4.5 kg,落高45 cm,试筒内径15.2 cm,高12 cm,容积2 177 cm³。分三层击实,每层击实98次,击实功为2 677.2 kJ/m³。采用干土法,准备5组试样,风干后加入水,使含水量按1%递增。为模拟施工时状况,加水拌和均匀后立即击实,不必闷料一夜。分三层击实,每层加材料约1 700 g,各层之间要拉毛,击实结束后试样不得高出筒顶6 mm。用千斤顶脱膜,脱模后将试件打碎,从中间部分取出有代表性的土样500 g以上,装入铝盒内,在105 ℃通风烘箱中烘干至恒重,测量其含水量,并绘制干密度与含水量关系曲线。

确定最佳含水量后,按照下式确定拌和及压实的最佳含水量。

$$W_{add} = W_{OMC} - W_{moist} - W_{reduce} \tag{5-2}$$

式中,W_{add}为需要加入集料中的用水量(单位:%);W_{OMC}为最佳含水量(单位:%);W_{moist}为集料中的含水量(单位:%);W_{reduce}为水分的减少量(单位:%),其值取$0.3 \times W_{OMC} - 0.6$。

采用重型击实法确定最佳含水量,根据规范要求,采用大筒分三层击实,每层击实98次。级配一、二、三击实试验记录见表5-30至5-32,最佳含水量曲线见图5-13至图5-15。

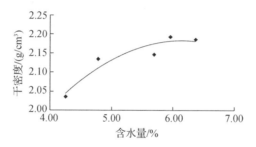

图5-13 级配一最佳含水量曲线

表5-30 级配一击实试验记录

击实试验记录					
土样编号		筒号	Ⅰ、Ⅱ	落距	50 cm
土样来源		筒容积	2 177 cm³	每层击实次数	98
试验日期		击锤质量	4.5 kg	大于5 mm颗粒含量	
干密度	试验次数	1	2	3	4	5
	筒+土质量/g	9 919	10 186	10 241	10 374	10 376
	筒质量/g	5 302	5 314	5 302	5 314	5 314
	湿土质量/g	4 617	4 872	4 939	5 060	5 062
	湿密度/(g/cm³)	2.12	2.24	2.27	2.32	2.33
	干密度/(g/cm³)	2.03	2.14	2.15	2.19	2.19

续表 5-30

	击实试验记录									
含水量	盒号	1	6	41	50	44	23	39	32	1	20
	盒+湿土质量/g	339.8	262.4	258.6	259.3	312	312.4	339.1	334.8	312.2	309.4
	盒+干土质量/g	327.6	252.9	248.6	248.8	296.8	297.8	319	321.1	293.6	294.8
	盒质量/g	33.3	34.4	34.3	34.8	36	35.1	36.8	35.5	33.2	33.6
	水质量/g	12.2	9.5	10	10.5	15.2	14.6	20.1	13.7	18.6	14.6
	干土质量/g	294.3	218.5	214.3	214	260.8	262.7	282.2	285.6	260.4	261.2
	含水量/%	4.15	4.35	4.67	4.91	5.83	5.56	7.12	4.8	7.14	5.59
	平均含水量/%	4.25		4.79		5.69		5.96		6.37	
	最佳含水量/%	6.15									

级配一的最佳含水量为 6.15%,最大干密度为 2.182 g/cm³。

表 5-31 级配二击实试验记录

	击实试验记录					
	土样编号		筒号	Ⅰ、Ⅱ	落距	50 cm
	土样来源		筒容积	2 177 cm³	每层击实次数	98
	试验日期		击锤质量	4.5 kg	大于 5 mm 颗粒含量	
干密度	试验次数	1	2	3	4	5
	筒+土质量/g	10 088	10 185	10 294	10 355	10 328
	筒质量/g	5 302	5 314	5 302	5 314	5 302
	湿土质量/g	4 786	4 871	4 992	5 041	5 026
	湿密度/(g/cm³)	2.2	2.24	2.29	2.32	2.31
	干密度/(g/cm³)	2.11	2.14	2.17	2.19	2.17
含水量	盒号	37	35	15	19	8	38	29	14	50	8
	盒+湿土质量/g	300.3	294.1	326.3	329.1	305.6	290.4	300.8	324.5	309.2	333.9
	盒+干土质量/g	289.9	283.6	312.8	316.9	291.8	276.7	285	309.5	292.4	315.5
	盒质量/g	36.7	36.6	33.5	36.4	34.8	36.2	35.9	35.4	34.8	34.8
	水质量/g	10.4	10.5	13.5	12.2	13.8	13.7	15.8	15	16.8	18.4
	干土质量/g	253.2	247	279.3	280.5	257	240.5	249.1	274.1	257.6	280.7
	含水量/%	4.11	4.25	4.83	4.35	5.37	5.7	6.34	5.47	6.52	6.56
	平均含水量/%	4.18		4.59		5.53		5.91		6.54	
	最佳含水量/%	5.86									

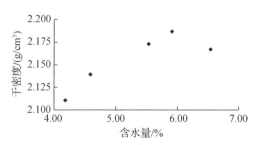

图 5‑14 级配二最佳含水量曲线

级配二的最佳含水量为 5.86%，最大干密度为 2.179 g/cm³。

表 5‑32 级配三击实试验记录

击实试验记录									
土样编号			筒号	Ⅰ、Ⅱ		落距		50 cm	
土样来源			筒容积	2 177 cm³		每层击实次数		98	
试验日期			击锤质量	4.5 kg		大于 5 mm 颗粒含量			
干密度	试验次数		1		2		3		4	
	筒+土质量/g		10 260		10 331		10 436		10 421	
	筒质量/g		5 311		5 334		5 303		5 311	
	湿土质量/g		4 949		4 997		5 133		5 110	
	湿密度/(g/cm³)		2.27		2.30		2.36		2.35	
	干密度/(g/cm³)		2.15		2.17		2.22		2.20	
含水量	盒号	36	5	28	22	13	32	8	39
	盒+湿土质量/g	319.6	299	306.2	330.6	343.5	331.7	320.6	322.5
	盒+干土质量/g	304.8	284.7	291.5	315.2	325.9	313.4	302.7	305.2
	盒质量/g	36.5	28.4	36.50	35.0	35.7	35.4	35.0	36.7
	水质量/g	14.8	14.3	14.7	15.4	17.6	18.3	17.9	17.3
	干土质量/g	268.3	256.3	255	280.2	290.2	278	267.7	268.5
	含水量/%	5.52	5.58	5.76	5.50	6.06	6.58	6.69	6.44
	平均含水量/%	5.55		5.63		6.32		6.56	
	最佳含水量/%	6.21							

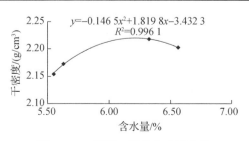

图 5‑15 级配三最佳含水量曲线

级配三的最佳含水量为 6.21%，最大干密度为 2.22 g/cm³，最大湿密度为 2.36 g/cm³。计算最佳拌和用水量为：

级配一：$W_{add} = W_{OMC} - W_{moist} - W_{reduce} = 6.15\% - (0.3 \times 6.15 - 0.6)\% \approx 4.91\%$

级配二：$W_{add} = W_{OMC} - W_{moist} - W_{reduce} = 5.86\% - (0.3 \times 5.86 - 0.6)\% \approx 4.70\%$

级配三：$W_{add} = W_{OMC} - W_{moist} - W_{reduce} = 6.21\% - (0.3 \times 6.21 - 0.6)\% \approx 4.95\%$

则级配一、二、三的拌和用水量分别为 4.91%、4.70%、4.95%。

5.4.4 最佳沥青含量

1) 间接抗拉强度设计法

根据国内外研究与应用经验，泡沫沥青冷再生混合料的劈裂强度对泡沫沥青用量敏感，其含量可以如下控制：高沥青用量的混合料容易失稳，低沥青用量的混合料，其水稳定性不好。一个重要参数是细料与黏结剂含量的比值，即黏结剂与细料组成的黏结团的黏度在混合料的稳定性上起到了重要作用。因此在同一坐标轴上绘制所有试件（干燥和浸水）的 ITS 和沥青含量（加入的沥青）关系曲线，选取干燥或浸水试件的最大劈裂强度值所对应的沥青含量作为设计值，用于泡沫沥青混合料的设计。参照《公路工程沥青及沥青混合料试验规程》T 0729 沥青混合料冻融劈裂试验，试验温度为 25 ℃左右，加载速率为 50 mm/min。

本方法采用马歇尔击实成型的圆柱体试件，击实次数为双面各 75 次。试件高度控制在 (63.5±1.5) mm。级配一、二选择 1.9%、2.2%、2.5% 和 2.8% 四种沥青用量，每种沥青用量制作 6 个试件，制件温度为 25 ℃左右。试件制成后，在室温下放置一天后脱膜。脱膜后在 40 ℃ 的通风烘箱内养生 72 h，以模拟施工一年后的强度。每种沥青用量下取三个试件测劈裂强度（干劈裂强度），另外三个在 25 ℃ 的水中浸泡 24 h，取出后测劈裂强度（湿劈裂强度）。

劈裂强度通过下式计算：

$$ITS = 2PT/\pi Dh \tag{5-3}$$

式中，ITS 为试件的劈裂强度（单位：MPa）；PT 为试验荷载最大值（单位：N）；D 为试件直径（单位：mm，默认为 101.6 mm）；h 为试件高度（单位：mm）。

级配一、二劈裂强度曲线见图 5-16、图 5-17，劈裂试验结果见表 5-33。

表 5-33 劈裂试验结果汇总

级配	级配一				级配二			
沥青用量/%	1.9	2.2	2.5	2.8	1.9	2.2	2.5	2.8
ITS(干)/kPa	539.3	556.3	524.1	473.3	425.2	542.2	537.5	469
ITS(湿)/kPa	405.8	455	386.2	373.8	337.5	491.9	452.2	462.9
残留强度	0.75	0.82	0.74	0.79	0.79	0.91	0.84	0.99

由图 5-16 和图 5-17 可知级配一、级配二的最佳沥青含量均为 2.2%。

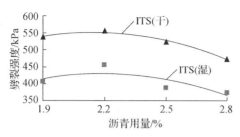

图 5-16 级配一劈裂强度曲线

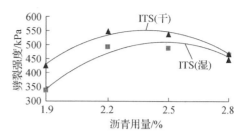

图 5-17 级配二劈裂强度曲线

2) 无侧限抗压强度设计法

标准无侧限抗压强度试验是在平衡含水量下进行的,认为这种条件能够代表道路实际湿度状况。在同一坐标轴上绘制所有试件的无侧限抗压强度值和沥青含量(加入的沥青)关系曲线,选取最大的无侧限抗压强度值所对应的沥青含量作为设计值,用于泡沫沥青混合料的设计。

本方法参照《公路工程沥青及沥青混合料试验规程》T 0704,采用静压成型的圆柱体试件,试件尺寸为 100 mm×100 mm,稳压时间为 3 min,制件温度为 25 ℃ 左右。每种级配选择 1.9%、2.2% 和 2.5% 三种沥青含量,每种沥青含量制作 3 个试件。试件制成后,立即脱模,用塑料袋密封,放置于 40 ℃ 烘箱中养生 72 h,再在水中浸泡 24 h。

在设计中首先假定水泥用量为 1.5%,选取不同的沥青用量,确定最佳沥青含量。不同沥青用量下无侧限抗压强度变化曲线见图 5-18。由图 5-18 可知最佳沥青含量为 2.2%,与用劈裂强度测得的数据一致。

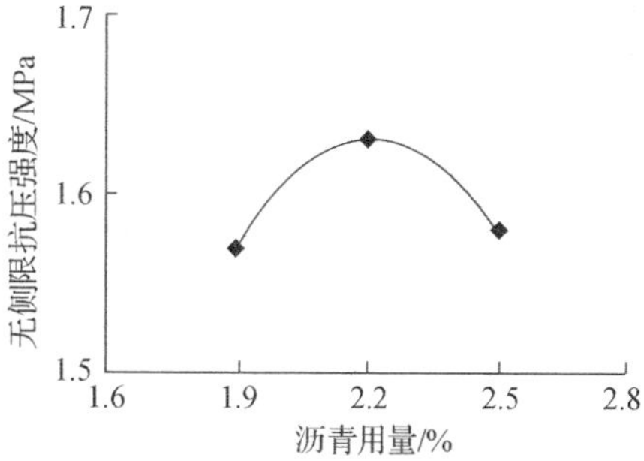

5.4.5 最佳水泥用量

对于水泥用量,目前国内外设计多采用经验法,即水泥用量不超过 2%,以此来提高混合料早期的强度和水稳定性。在设计中,将水泥用量作为混合料设计参数。试验温度为 25 ℃ 左右,通过改变水泥用量,在同一坐标轴上绘制所有试件(干燥和浸水)的 ITS 和抗压强度关系曲线,水泥用量当从 0 逐渐增加时,发现增加到某范围后增长缓慢,且过多的水泥无论是从疲劳性能还是从造价上都不利,因此选取曲线中的"拐点"值作为水泥用量的取值,此时沥青用量为 2.2%。

图 5-18 无侧限抗压强度变化曲线

1) 以干、湿劈裂强度为指标,确定最佳水泥用量

参照《公路工程沥青及沥青混合料试验规程》T 0729 沥青混合料冻融劈裂试验,试验温度为 25 ℃左右,加载速率为 50 mm/min。采用马歇尔击实成型的圆柱体试件,击实次数为双面各 75 次。试件高度控制在(63.5±1.5) mm。采用级配三,取 0%、1.5%、3%三种水泥用量,每种水泥用量制作 6 个试件,制件温度为 25 ℃左右。试件制成后立即脱模,用塑料袋密封,在 40 ℃的通风烘箱中养生 3 天。每种水泥用量下取三个试件测劈裂强度(干劈裂强度),另外三个在 25 ℃的水中浸泡 24 h,取出后测劈裂强度(湿劈裂强度)。

2) 以无侧限抗压强度为指标,确定最佳水泥用量

通过无侧限抗压强度确定水泥用量时,分别采用了马歇尔试件和静压试件。

采用马歇尔试件时,参照《公路工程沥青及沥青混合料试验规程》T 0702,采用马歇尔击实成型的圆柱体试件,击实次数为双面各 75 次。试件高度控制在(63.5±1.5) mm。采用级配三,取 0%、1.5%和 3%三种水泥用量,每种水泥用量制作 3 个试件,制件温度为 25 ℃左右。试件制成后立即脱模,用塑料袋密封,在 40 ℃的通风烘箱中养生 3 天,再浸水一天,测量其无侧限抗压强度。

采用静压试件时,参照《公路工程沥青及沥青混合料试验规程》T 0704,采用静压成型的圆柱体试件,试件尺寸为 100 mm×100 mm,稳压时间为 3 min,制件温度为 25 ℃左右。采用级配三,试件制成后立即脱模,用塑料袋密封,在 40 ℃的通风烘箱中养生 3 天,之后在 25 ℃浸水一天,测量其无侧限抗压强度。

对于马歇尔试件,在不同水泥用量下,测量其干劈裂强度、湿劈裂强度、无侧限抗压强度,试验结果见表 5-34。并根据试验结果绘制不同水泥用量下干劈裂强度、湿劈裂强度、无侧限抗压强度变化曲线,曲线采用对数拟合,见图 5-19 至图 5-21。

表 5-34 不同水泥用量下强度值汇总

水泥用量/%	湿劈裂强度/MPa	均值/MPa	干劈裂强度/MPa	均值/MPa	残留强度/%	无侧限抗压强度/MPa	均值/MPa
0	0.066	0.051	0.11	0.11	46.7	0.333	0.403
	0.0442		0.088			0.456	
	0.0442		0.132			0.422	
1.5	0.243	0.369	0.31	0.446	82.6	1.411	1.4
	0.265		0.288			1.411	
	0.221		0.332			1.378	
3	0.376	0.391	0.42	0.45	86.9	1.489	1.57
	0.398		0.376			1.667	
	0.398		0.487			1.556	

从图 5-19 和图 5-20 中可以看出,干劈裂强度随水泥用量的增加而增加。但随着水泥用量的增大,干、湿劈裂强度的增加并不是线性的,而是逐渐减少的。当水泥用量增加到 1.8% 后,强度随水泥用量的增加并不明显。干劈裂强度最终趋于 0.5 MPa,湿劈裂强度最终趋于 0.4 MPa。

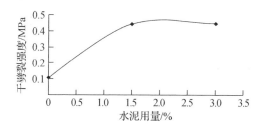

图 5-19　干劈裂强度与水泥用量关系曲线图

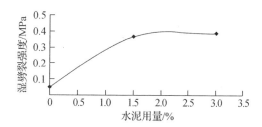

图 5-20　湿劈裂强度与水泥用量关系曲线图

残留劈裂强度也有类似变化趋势,如图 5-21 所示,随水泥用量的增加而增加,当水泥用量增加到 1.8% 后,残留劈裂强度随水泥用量的增加并不明显。最终残留劈裂强度趋于 0.88 MPa。

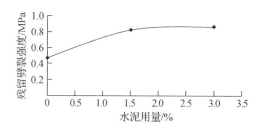

图 5-21　残留劈裂强度与水泥用量关系曲线图

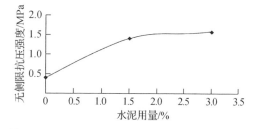

图 5-22　无侧限抗压强度与水泥用量关系曲线图

采用马歇尔试件测得的无侧限抗压强度见图 5-22,强度随水泥用量的增加而增加,当水泥用量增加到 1.8% 后,强度的增加并不明显。无侧限抗压强度最终趋于 1.6 MPa。

采用静压制试件测得的无侧限抗压强度见图 5-23,强度随水泥用量的增加而增加,但不具有上述变化趋势,基本为线性增加。不能由此判断水泥用量。

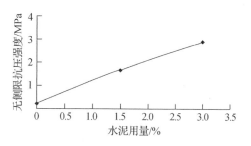

图 5-23　无侧限抗压强度与水泥用量关系曲线图

由以上试验可知,水泥用量由 0 增加时,干劈裂强度、湿劈裂强度、残留劈裂强度、无侧限抗压强度均逐渐增加,且强度增长较快。当水泥用量增加到 1.8% 后,干劈裂强度、湿劈裂强度、残留劈裂强度、无侧限抗压强度增加不明显,且过多的水泥无论是从疲劳性能还是从造价上都不利,因此取 1.8% 作为水泥用量。

5.4.6 混合料设计结果分析

(1) 根据规范要求,由沥青指标试验结果知该沥青满足规范要求。

(2) 可以看出,随着用水量的增加,膨胀率逐渐增大,半衰期逐渐减小。当用水量从1.5%增加到3%时,膨胀率的增加较均匀,用水量由2%增加到2.5%时,半衰期下降较明显,但总体符合线性变化。当用水量为2.5%时泡沫沥青的半衰期已经下降到5 s左右,已不利于拌和。当用水量由2.5%增加到3%时,半衰期下降不明显。

由此可见,泡沫沥青的稳定性(半衰期越长,系统稳定性越好)随用水量的增加而变差,但当用水量增加到一定程度时,系统稳定性变化较为平缓。此外,观察发泡用水量同膨胀率的变化关系可看出,沥青膨胀率随用水量的增加而增大的幅度较为均匀,这表明在一定温度下发泡水在沥青中几乎可以完全汽化,其汽化程度同用水量成正比。

165 ℃温度下的沥青发泡效果要好于155 ℃的发泡效果,根据国外经验,取施工时发泡温度为160~180 ℃。不同温度下,综合比较半衰期和膨胀率,取膨胀率和半衰期都较高的条件作为选择最佳发泡条件的标准,即取发泡用水量为2%。本书中所有试验均采用165 ℃以上、180 ℃以下(防止过快老化)的温度条件,发泡用水量为2%。温度、发泡用水量对发泡效果影响很大,因此在施工过程中,用水量和温度应作为重要的技术指标进行严格控制。

(3) 级配一的最佳含水量为6.15%,最大干密度为2.182 g/cm³;级配二的最佳含水量为5.86%,最大干密度为2.179 g/cm³;级配三的最佳含水量为6.21%,最大干密度为2.22 g/cm³。按照维特根冷再生手册所提供的经验公式计算得到三种级配最佳拌和用水量分别为:4.91%、4.70%、4.95%。本试验采用重型击实法大筒测最佳含水量。在击实过程中,当用水量为6%时,略有水从缝隙被挤出;当用水量达到7%以上时,明显有很多水从缝隙被挤出;当用水量达到8%时,通过烘干测出的含水量只有6%~7%。击实后取样时发现,RAP中大粒径材料被击碎,即实际的级配与所配级配不符。同理,在成型的混合料试件时也存在击(压)碎情况,因此成型后混合料级配有所变化,这对强度及稳定性有一定的影响,影响到底有多大,如何降低这种影响还有待进一步研究。

(4) 在测得劈裂强度后,去掉明显不合理的数据及尺寸不符合要求的试件。沥青含量为2.2%时,干燥和浸水劈裂强度均最高,且试件残留劈裂强度也相对最高,故取2.2%作为最佳沥青含量。沥青用量较少时,残留劈裂强度较小,沥青用量增加时,沥青填充了一部分空隙,试件趋于密实,残留劈裂强度增加。用100 mm×100 mm的静压试件测得的无侧限抗压强度有类似规律,也可作为判断泡沫沥青混合料的最佳沥青含量的一种方法。但由于泡沫沥青混合料对抗压强度不敏感,且基层底面受力状态为受拉,因此采用劈裂强度作为确定最佳沥青含量的指标比较好。

(5) 在确定最佳沥青含量时,根据经验选取水泥用量为1.5%,确定最佳沥青含量后,将最佳沥青含量作为沥青用量,绘制不同水泥用量下的干劈裂强度、湿劈裂强度、残留劈裂强度、无侧限抗压强度变化曲线,该曲线呈上升趋势,到达某一值或某一范围时,强度上升趋势变缓,即存在一个"拐点"。因此,为了不使水泥用量过多而影响疲劳性能及从经济方面考虑,选取该"拐点"处水泥用量作为最终水泥用量,即取 1.8% 作为最佳水泥用量。由静压法得到的试件的无侧限抗压强度不具有该趋势,不能作为判断水泥用量的方法。

5.5 泡沫沥青冷再生混合料性能

5.5.1 回弹模量和动态模量

拾方治(2006)评价了 5 种泡沫沥青混合料的动态回弹模量。水泥用量对各级配混合料的回弹模量产生了影响。在添加的水泥用量范围内(0～1.5%),水泥用量越高,回弹模量越大。对于所研究的级配,与未添加水泥相比,添加 1.5% 的水泥时回弹模量约增加 20%。此外,级配对泡沫沥青混合料的回弹模量有着重要的影响。不同的级配可使混合料的回弹模量的差异高达 45%。在 15 ℃下,泡沫沥青冷再生混合料的动态回弹模量在 1 500～2 500 MPa 之间。

Diefenderfer 等(2012)对州际公路 I-81 的冷再生基层的钻芯进行了一些性能试验。研究发现,从统计的角度来说,厂拌冷再生和现场冷再生的钻芯的回弹模量是一样的。Saleh(2006)利用回弹模量评价冷再生泡沫沥青混合料的温度敏感性。与热拌沥青混合料的性能相比,当温度升高时,冷再生混合料的回弹模量的降低程度要低;同时,冷再生混合料具有较低的断裂能和疲劳寿命。在冷再生混合料中添加矿物添加剂也许能提高材料的性能。

有一些研究探究了在重复加载作用下回弹模量的变化。Loizos(2007)发现在一条希腊的高速公路上,基于落锤式弯沉仪的反算模量增加。Timm 等(2015)发现在美国国家沥青技术中心的试验路上,反算模量在重载作用下几乎没有变化。

Cardone 等(2015)研究了不同的养护方法对掺有水泥的冷再生混合料的动态模量的影响。研究发现,在参考温度下根据平移测试的模量结果,冷再生混合料的动态模量能够绘制于同一条曲线。其中移位因子与加载频率有关。此外,如果在初期养护后湿度蒸发过多或者用于水泥水化的湿度偏低,则冷再生混合料的模量可能不会增加。

Diefenderfer 等(2016)对北美 24 个项目的钻芯进行了动态模量试验,研究了采用不同的冷再生方法(现场冷再生、厂拌冷再生和全厚式冷再生)、添加不同沥青类型(乳化或泡沫沥青)、添加不同矿物添加剂(水泥和石灰)的试件在 10 Hz 的动态模量试验结果。对于三种不同的冷再生方法,动态模量在低温(4.4 ℃)测试条件下没有显著差异,而在中间温度(21.1 ℃)或高温(37.8 ℃)测试条件下会表现出不同。尽管现场冷再生和厂拌冷再生的混合料的动态模量具有相似的温度依赖性,但是现场冷再生混合料的动态模量要比厂拌冷再生混合料要高。对于添加了水泥的混合料,泡沫沥青混合料和乳化沥青混合料的动态模量在统计上是相同的。对于添加了不同矿物添加剂的混合料,动态模量主曲线的大部分是重合的,只是在较低或较高的温度下有少许差异。此外,添加矿物添加剂(水泥或石灰)能够降低混合料模量的温度依赖性。在高温条件下,掺有水泥的混合料比掺有石灰的混合料的动态模量要高。但是,在低温条件下,掺有石灰的混合料比掺有水泥的混合料的刚度要高。值得注意的是,由于缺乏整体的级配设计信息,这些钻芯材料的动态模量结果仅能提供参考。所发现的规律,也许对其他级配设计的混合料并不适用。

Ma(2018)研究了6种泡沫沥青冷再生混合料的动态模量性能(AASHTO TP79)。这6种混合料中,有3种回收旧料级配(细、中、粗级配)和2种基质沥青(PG 58-34,PG 67-22)。回收旧料的级配对泡沫沥青混合料动态模量结果的影响要比沥青分级的影响大。具有细级配回收旧料的混合料试件,与中、粗级配回收旧料的试件相比,有着更高的动态模量值。其中细级配回收旧料的密度要更高,因为较细的级配使得混合料能够更好地被压实。采用较低 PG 高温分级的沥青具有更好的发泡性能,因而也会促进压实过程,但是沥青分级对动态模量的影响要远远小于回收旧料级配的影响。

5.5.2 永久变形性能

徐金枝(2007)采用动态单轴蠕变试验对泡沫沥青混合料的永久变形特性进行了研究。研究中采用了 30 ℃的测试温度,用以反映泡沫沥青混合料在所处结构层的温度状况下相应的永久变形情况。同时,考虑了水泥用量、泡沫沥青用量、级配组成、泡沫沥青类型对泡沫沥青混合料永久变形性能的影响。研究发现,水泥用量对泡沫沥青冷再生混合料的抗永久变形性能有着显著的影响,添加了少量水泥(1%~1.5%)的泡沫沥青混合料的变形及变形发展速率会显著减小。泡沫沥青用量的增多不利于提高泡沫沥青混合料的抗永久变形能力。从减小混合料永久变形的角度考虑,建议采用最佳泡沫沥青用量的偏低值。在级配组成中,细料部分是影响泡沫沥青混合料变形能力最为关键的因素。当细料含量不足时,泡沫沥青在混合料中无法均匀扩散,不利于提高混合料整体抗变形能力;而当细料含量过多时,能促进泡沫沥青在混合料中更好地分散,但是却不利于矿料颗粒间嵌挤结构的形成,从而降低了混合料整体抗变形能力。此外,泡沫沥青类型对泡沫沥青混合料的抗永久变形性能的影响不明显。

He 和 Wong(2006)研究了湿度对泡沫沥青冷再生混合料的永久变形的影响。采用英国规范 DD226 动态蠕变试验中的蠕变应变率和最终应变来评价材料的抗变形性能。试验在 30 ℃的温度下加载 1 800 次循环,施加的轴应力为 100 kPa。研究发现,回收旧料的增加不会影响材料的永久变形。在干燥条件下,具有较软沥青的混合料的抗车辙性能增强;但是在潮湿状态下,具有较硬沥青的混合料的抗车辙性能更好。

Diefenderfer 等(2012)测试了州际公路 I-81 的冷再生基层的钻芯的流值,用于评价其抗车辙性能。研究发现,从统计的角度来说,厂拌冷再生和现场冷再生的钻芯的抗车辙性能没有显著性差异。此外,为了更好地模拟现场的受力情况,建议对测试流值的试验施加侧向压力。

Khosravifar 等(2015)对泡沫沥青混合料的现场钻芯进行了三轴反复荷载永久变形试验。试验在 39 ℃的条件下进行,围压为 69 kPa,偏应力为 483 kPa。试验在加载 10 000 次循环后停止。在应变发展过程中,所有的泡沫沥青冷再生混合料都未发展成第三阶段,并表现出满意的抗车辙性能。再生材料的最终永久应变为 0.4%～0.8%,低于热拌沥青混合料的永久应变(1.1%)。

Diefenderfer 等(2016)对北美 24 个项目的钻芯进行了重复加载永久变形试验(RLPD)。研究了采用不同的冷再生方法(现场冷再生、厂拌冷再生和全厚式冷再生)、添加不同沥青类型(乳化或泡沫沥青)、添加不同矿物添加剂(水泥和石灰)的试件在 45 ℃下的性能。研究发现,现场冷再生和厂拌冷再生混合料的抗永久变形性能很相似,全厚式冷再生在部分案例中有着更低的永久变形。对于抗永久变形而言,采用乳化沥青或泡沫沥青作为稳定剂的混合料有着相似的永久变形,即相似的抗车辙性能;采用矿物添加剂能够普遍增强混合料的抗车辙性能。此外,对于服役 12～24 个月的路面芯样,矿物添加剂依然能够发挥作用,也就是说,矿物添加剂的影响能够超过路面最初的服役期。

Ma(2018)研究了 6 种泡沫沥青冷再生混合料的流值(AASHTO TP79)。这 6 种混合料中,有 3 种回收旧料级配(细、中、粗级配)和 2 种基质沥青(PG 58-34,PG 67-22)。回收旧料的级配对泡沫沥青混合料流值结果的影响要比沥青分级的影响大。具有细级配回收旧料的混合料试件,与中、粗级配回收旧料的试件相比,有着更好的抗永久变形的能力。

Guatimosim 等(2018)研究了不同养护时间(25℃ 养护 1、3、7 天)下,泡沫沥青混合料的抗永久变形性能。研究发现,养护时间越长,混合料的累计永久变形越小。同时,研究观察到当养护时间变长时,永久变形的变化率变小。研究推断出,混合料中的湿度含量会直接影响其抗永久变形性能。在施工后的服役前期,湿度含量相对较高,路面更易产生永久变形。

5.5.3 抗裂性能

拾方治(2006)采用劈裂疲劳试验来评价泡沫沥青再生基层材料的疲劳性能。研究发现,当泡沫沥青用量从 2%增加至 3%时,劈裂强度和疲劳次数都有显著增加;当泡沫沥青用量从 3%增加至 4%时,劈裂强度和低应力比下的疲劳次数略微增加,而高应力比下的疲劳次数有所降低。因此建议将泡沫沥青的用量控制在 3%～4%之间。此外,在 2%的水泥用量内,增加水泥用量不会明显影响混合料的抗疲劳性能;多于 2%的水泥用量会增加材料的脆性,从而降低泡沫沥青稳定材料的抗疲劳性能。

徐金枝(2007)采用 15 ℃下的劈裂疲劳试验对泡沫沥青混合料的抗疲劳性能进行了研究。研究中考虑了水泥用量、泡沫沥青用量、沥青发泡特性对泡沫沥青混合料抗疲劳性能的影响。研究发现,加入 1.5%水泥的泡沫沥青混合料在较低应力水平下(小于 0.6)的疲劳寿命大于未加水泥的泡沫沥青混合料,并具有更好的拉伸变形性能;但是当水泥用量超过2.5%时,其泡沫沥青混合料的模量会明显增大,对拉伸变形能力有不利的影响。综合考虑强度特性、拉伸变形能力和抗疲劳性能,泡沫沥青冷再生混合料中应加入少量(不超过2.5%)的水泥。从泡沫沥青用量上考虑,宜采用根据配合比设计确定的最佳泡沫沥青用量。泡沫沥青用量过少或过多都会对混合料的性能有着一定的不利影响。在最佳沥青用量的基础上减少1%的泡沫沥青,会降低泡沫沥青混合料的强度、拉伸变形能力和抗疲劳性能;在最佳沥青用量的基础上增加1%的泡沫沥青,会稍微改善混合料的拉伸变形能力和抗疲劳性能,但混合料的强度会有所降低。发泡特性好的沥青可以更加均匀地分散于混合料中,从而在一定程度上提升混合料的抗疲劳性能。

Saleh(2006)发现,与热拌沥青混合料相比,泡沫沥青冷再生混合料的断裂能和疲劳寿命要低。添加矿物添加剂,能够提高冷再生材料的性能。Cox 和 Howard(2016)设计了一个用于冷再生混合料的混合料设计框架。研究建议采用基于材料的试验结果来平衡试件的抗裂和抗车辙性能,采用劈裂强度试验来评价冷再生混合料的抗裂性能,采用沥青路面分析仪来评价混合料的抗车辙性能。

Sunarjono(2008)研究了不同发泡用水量(1%、5%和10%)下泡沫沥青混合料的抗疲劳性能。总的来说,在控制 200 微应变的条件下,与热拌沥青混合料相比(约 30 000 次循环),泡沫沥青混合料的疲劳寿命相当短,仅有 600~800 次循环。研究表明,采用5%发泡用水量的混合料有着最缓的疲劳曲线坡度(最佳性能),而采用10%发泡用水量的混合料有着最陡的疲劳曲线坡度(最差性能)。但是,两种混合料在 200 微应变的条件下的疲劳寿命是相似的。因此可以推断出,不同发泡用水量的泡沫沥青混合料在现场的疲劳性能是没有显著性差异的。

Wegman 和 Sabouri(2016)提出采用半圆弯曲试验对冷再生混合料的抗裂性能进行评价。试验中,单切口试件在控制切口位移的条件下加载,并在加载应力降低到 0.5 kPa 时停止。研究提出采用归一化的断裂能来进行评价。针对三种冷再生混合料,对比半圆弯曲试验结果与圆盘状拉力试验(DCT)结果,发现两种抗裂试验结果一致,但是半圆弯曲试验的操作更方便。

Ma(2018)采用了伊利诺伊州柔韧性指数试验(Illinois Test procedure 405)评价了 6 种泡沫沥青冷再生混合料的抗裂性能。这 6 种混合料中,有 3 种回收旧料级配(细、中、粗级配)和 2 种基质沥青(PG 58-34,PG 67-22)。具有粗级配回收旧料的混合料试件,与具有细级配回收旧料的试件相比,有着更高的柔韧性指数,也就是更好的抗开裂性能。

5.5.4 劈裂强度

拾方治(2006)评价了 5 种泡沫沥青混合料的劈裂强度。研究发现,级配对泡沫沥青混合料的劈裂强度有着重要的影响。其中,2.36 mm 以下材料的通过率能够显著影响混合料的强度,而超过这一粒径的通过率对材料强度的影响并不明显。例如,对于 2.36 mm 以下材料的通过率而言,通过率为 44.7% 的混合料的劈裂强度为通过率为 27.1% 的混合料的 2 倍。同时,比较不同水泥用量下的劈裂强度,发现水泥用量对泡沫沥青混合料的劈裂强度没有显著的影响。

Ma(2018)评价了回收旧料级配和沥青分级对泡沫沥青冷再生混合料的劈裂强度(ASTM D6931)的影响。劈裂强度的试验结果显示,具有更细的回收旧料级配和更高的高温分级的沥青,以及足够的发泡性能(最大膨胀率和半衰期),趋向于有着更高的劈裂强度。

5.5.5 其他

1) 抗剪性能

邢傲雪(2010)对泡沫沥青混合料的抗剪性能进行了室内试验研究。研究表明,增加水泥用量,能提高混合料的最大剪应力、黏聚力和摩擦角,从而增强其抗剪性能;而泡沫沥青用量会影响混合料的抗剪性能。

Long 和 Ventura(2003)发现具有更高密度的泡沫沥青冷再生混合料表现出更大的摩擦角和内聚力,即更强的抗剪性能。Jenkins 等(2007)评价了采用不同集料的泡沫沥青混合料的抗剪性能。单轴三轴试验结果显示,当泡沫沥青用量增加时,摩擦角减小而内聚力没有变化。这个趋势在连续级配碎石中比在均质砂土中更明显。添加矿物添加剂(水泥或熟石灰)能够显著增大级配碎石材料的摩擦角和内聚力。从提高内聚力的角度来说,水泥比熟石灰的效果更好。

2) 抗压强度

拾方治(2006)根据规程 JTJ 052—2000 评价了泡沫沥青混合料的抗压强度。随着泡沫沥青用量的增加,试件的抗压强度存在一个峰值。但是在整个沥青用量范围内,抗压强度的变化幅度小,即抗压强度对泡沫沥青用量的敏感度不高。

3) 水稳定性

拾方治(2006)采用浸水劈裂强度指标评价了 5 种泡沫沥青混合料的水稳定性,发现级配和水泥用量对该混合料的水稳定性有着重要的影响。对提高泡沫沥青的水稳定性提出了三项措施:① 改善混合料的级配。偏粗的级配是导致混合料水稳定性差的重要因素。② 添加一定用量的水泥(小于 1.5%),可有效改善混合料的水稳定性。③ 适当增加沥青用量。

第六章 泡沫沥青冷再生工艺

泡沫沥青冷再生施工通常可通过两种方法实现,即就地冷再生和厂拌冷再生。

6.1 泡沫沥青冷再生工艺装备

泡沫沥青就地冷再生是指在现场将旧路面进行铣刨、破碎,并加入稳定剂和(或)新集料进行拌和、摊铺,形成再生结构层的工艺技术。根据行走装置的类型,就地冷再生设备可以分为轮胎式和履带式两种。轮胎式设备一般用于全厚式冷再生,再生厚度深,需要配置平地机进行冷再生层的整平。履带式设备是在大型铣刨机的基础上改装而来的,增加了一套熨平板装置用于冷再生料的摊铺整平,一般用于沥青层的再生,再生厚度浅。

泡沫沥青厂拌冷再生是指将旧沥青路面材料经过铣刨,运送至指定的场地,按照设计需要添加新料,通过固定的再生设备加入泡沫沥青、水和水泥,在常温下拌和形成新的冷再生混合料,然后运送至施工现场,摊铺和压实成型后,形成再生结构层的整套工艺技术。厂拌冷再生分为两个阶段:① 沥青铣刨料的回收;② 冷再生、拌和、摊铺和压实过程。

从拌和角度来看,就地冷再生的拌和装置为一个转子,通过转子上密布的刀具排列达到拌和回收旧料的目的,而厂拌冷再生则是采用双卧轴强制搅拌锅。因此,从工程质量控制的角度考虑,厂拌冷再生设备所采用的双卧轴强制搅拌锅有利于集料的充分拌和,是优先考虑的施工工艺类型。

泡沫沥青的"泡沫态"存在时间很短,无法储存,只能通过专用的沥青发泡装置产出泡沫沥青,并立即与集料拌和生成混合料,因此泡沫沥青试验设备和泡沫沥青冷再生路面施工设备是泡沫沥青冷再生技术应用的重要硬件设备。

开发集沥青发泡、再生料拌和于一体的现场施工设备是大规模应用泡沫沥青冷再生技术的关键。加拿大索特尔公司从1990年开始研究冷再生技术,开发了沥青发泡装置,并成功用于美国卡特彼勒公司的RR250型再生机上。日本小松公司研发了安装于GS360型再生/稳定土拌和机上的泡沫沥青系统。目前,德国维特根公司开发、研制了多款用于厂拌再生和就地冷再生施工的泡沫沥青冷再生机械,其冷再生设备在世界各地发挥着卓越的性能,几乎垄断了全球的泡沫沥青技术市场。此外,德国宝马格(Bomag)生产的MPH121、MPH122,意大利玛连尼(Marini)生产的CMR250,美国卡特彼勒公司(Caterpillar)生产的RM500等都是冷再生设备中的典型代表。

第六章 泡沫沥青冷再生工艺

泡沫沥青冷再生工艺常用的设备如表6-1所示。在实际应用中,可根据工程情况选定。

表6-1 泡沫沥青冷再生施工主要设备配置表

设备名称	常用规格型号
铣刨机	维特根 W195/W205/W215
厂拌再生机*	维特根 KMA200/220/240
就地再生机(轮胎式)**	维特根 WR240/WR250
就地再生机(履带式)**	维特根 3800CR/W380CR
水泥稀浆车	WM1000
沥青摊铺机	福格勒 S1880Li/S1880-3Li
沥青罐车**	—
平地机	—
压路机	悍马 HD148i VO/HD138i VO
振动压路机	悍马 HD148i VV/HD138i VV
单钢轮压路机	悍马 HC228i D/HC208i D
轮胎压路机	悍马 HP280i
洒水车	斯太尔
装载机	ZL50
沥青洒布车**	—
半挂拖车	JZ9380

注:*专门用于厂拌冷再生施工;**专门用于就地冷再生施工。

6.2 泡沫沥青就地冷再生施工工艺及设备

就地冷再生可以恢复路面的几何形状,处理车辙、坑槽和表面不平整等路面损坏形式,并可消除反射裂缝、横向裂缝和纵向裂缝等。就地冷再生可以充分利用旧路面材料,施工期短,对交通影响小,还可降低对环境的影响。对于离拌和厂较远的轻交通道路,适合采用就地冷再生的施工方法,从而节省铣刨料和再生料的运输。就地冷再生的主要施工过程如图6-1所示。

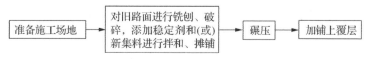

图6-1 就地冷再生施工工序

6.2.1 工艺原理

就地冷再生工艺是指利用专用就地冷再生设备在现场将原有路面结构进行铣刨、破碎，并根据破碎后材料的级配情况添加部分新料，在常温下与泡沫沥青、水和水泥一次性拌和形成泡沫沥青冷再生混合料，经摊铺或整平，并压实成型后，成为新路面的下面层或基层的工艺。

泡沫沥青就地冷再生一般包括两种工艺，即仅对沥青面层的就地冷再生（Cold in Place Recycling，CIR）和对沥青面层及部分下承层或将沥青层部分或全部铣刨移除后对部分下承层进行的就地冷再生，称为全深式冷再生（Full Depth Recycling，FDR）。

泡沫沥青就地冷再生施工由于采用的就地冷再生机不同，在工艺上也有所不同。一种是采用轮胎式冷再生机的泡沫沥青就地冷再生施工工艺，如图6-2所示；另一种是采用履带式冷再生机的泡沫沥青就地冷再生施工工艺，如图6-3所示。采用轮胎式就地冷再生机的冷再生施工，由于再生机后面的两个轮胎对冷再生混合料进行了初步的碾压，并产生了一定深度的轮迹印，因此一般需要配置平地机进行整平，以消除轮迹印，使再生层满足一定的平整度要求。在整平前，必须首先压实轮间松散的材料，以达到同样的密度。整平前如达不到均匀的压实，则会在再生层内形成永久的密度差异。而采用履带式冷再生机的泡沫沥青就地冷再生施工，由于冷再生混合料通过再生机输料皮带输送给摊铺机，因此一般不需要平地机进行整平。

图6-2 采用轮胎式冷再生机的泡沫沥青就地冷再生施工工艺原理

图6-3 采用履带式冷再生机的泡沫沥青就地冷再生施工工艺原理

无论是轮胎式还是履带式就地冷再生机，其核心是由一个装有若干个硬质合金刀具的切削转子、泡沫沥青喷洒系统、拌和水喷洒系统组成的铣刨拌和装置。铣刨转子旋转铣刨原路面材料的同时，可以通过喷洒系统将泡沫沥青、水喷入拌和腔，这样可使得泡沫沥青、拌和水、旧路面材料、添加的新料、水泥等拌和在一起，其铣刨拌和原理如图6-4所示。

图6-4 泡沫沥青就地冷再生铣刨拌和原理(维特根机械)

泡沫沥青就地冷再生施工流程图如图6-5所示。

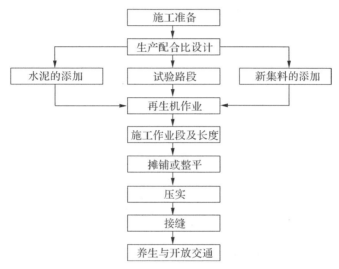

图6-5 泡沫沥青就地冷再生施工流程图

6.2.2 适用范围

泡沫沥青就地冷再生工艺主要用于旧沥青路面材料的再生利用,适用于各等级公路沥青路面的大修、改扩建工程,可用于高速公路、一级公路和二级公路沥青路面的下面层及基层,三、四级公路沥青路面的上面层。城市道路的大修与改扩建工程可参照应用。

就地冷再生主要适用于:

(1)道路不适合进行大面积的开挖,需要快速维修的路段;

(2)下承层病害较少,不需要大面积进行病害处理的路段;

(3)道路附近没有合适的拌和场地,无法进行厂拌冷再生的工程。

6.2.3 主要施工设备

应配备齐全的施工机械和配件,应对就地冷再生机、摊铺机或平地机、压路机等各种施工机械和设备进行调试,对机械设备的配套情况、技术性能、传感器计量精度等进行认真检查、标定。做好开工前的保养,并尽量避免在施工期间发生有碍施工进度和质量的故障,并应配备以下主要施工机械:

(1) 可生产泡沫沥青的专用就地冷再生设备,最小功率不小于 450 kW,以确保足够的拌和能力。再生机铣刨转子宽度至少为 2.2 m,转速可调,并应具有水平控制系统,以保证在连续施工过程中实际铣刨深度和要求的深度误差不超过 10 mm。沥青的发泡喷嘴应能够自清洗,并须配有检测和试验喷嘴,以随时检查沥青的发泡效果。

(2) 20 t 以上沥青加热保温罐车。

(3) 水泥自动撒布车或水泥稀浆车。

(4) 22 t 以上轮胎压路机 1~2 台;8~13.5 t 双钢轮压路机 1~2 台;15~25 t 单钢轮压路机 1~2 台。

(5) 摊铺机或平地机。

(6) 水车若干辆。

该工艺的核心施工设备为泡沫沥青就地冷再生设备,以下以维特根 W380CR 履带式就地冷再生设备为例进行介绍,如图 6-6 所示。

图 6-6 维特根 W380CR 履带式就地冷再生机(维特根机械)

W380CR 安装有强力 12 缸发动机,可实现 708 kW 的功率输出,具有强劲的动力输出。W380CR 的主要技术参数如表 6-2 所示。

表 6-2 W380CR 技术参数

最大铣刨深度 /mm	再生宽度 /mm	铣刨和行驶速度/ (m/min)	拌和能力/ (t/h)	发动机额定功率 /kW	工作质量 /kg
350	3 800	0~88	800	708	53 000

1）铣刨和拌和转子

强劲的铣刨和拌和转子用于铣刨现有的受损沥青路面,同时采用下切模式,可以优化切削材料的颗粒形状,避免大块材料的出现,可以改善冷再生混合料的级配;铣刨后的材料与喷入的泡沫沥青和水在机器的拌和仓内高效拌和,从而就地再生出均匀的冷再生混合料。由于铣刨和拌和转子采用螺旋结构,再生材料向中央聚集,因此需通过收料皮带运输至摊铺装置。

2）动力系统

先进的大扭矩的 12 缸柴油发动机性能强劲、扭矩大。即使在最大铣刨深度下,它也能实现快速完工。机器拌和能力高达 800 t/h,应用范围广泛。机械式铣刨和拌和转子驱动装置可使机器持续获得强大的铣刨性能和高施工效率。

3）喷洒系统

集成式微机控制的喷洒系统能够精准控制水和泡沫沥青的添加量。视施工需求,它可以安装多个喷洒杆并同时注入不同的黏结剂。喷洒系统的连接管和水泵位于机器前方,便于快速更换罐车。低吸入点能够更好地填充水泵以及排气。用于喷洒泡沫沥青和水的 VARIO 喷洒杆可通过改变喷嘴的横截面积,灵活调节喷洒压力,因此能够更深地渗透到材料中,同时确保沿整个喷洒宽度均匀分布。另外,喷洒宽度也可以根据具体的施工需求进行调节。

配备短沥青软管并通过对沥青管路及相应部件进行电加热,确保轻松、顺利地加热沥青至高达 180 ℃的温度。沥青喷洒系统的温度可以根据施工需求进行调节,从而也可用于在低温下喷洒乳化沥青。生产泡沫沥青时,通过发泡水用量监测装置持续监测并显示注入发泡室内的水用量。自清洗装置再生施工过程中,可以通过定时清洗(冲洗)的方法将 VARIO 喷洒杆喷嘴的杂质去除。此外,停机期间或施工结束时,操作喷嘴出口处的闭式气缸可手动或自动清洗喷嘴。

6.2.4 病害调查

就地冷再生施工前,应对原路面进行详细的病害调查,并满足以下要求:

(1) 对泡沫沥青冷再生铣刨不能处理的病害,或考虑到路面仅再生施工其强度等尚不能满足设计要求的区域应进行病害处理或补强处理。可先根据再生铣刨深度,对原路面进行铣刨,然后铣刨或挖除下部结构层,换填材料,压实至与已铣刨面的基础面齐平,再将铣刨的旧路面材料回铺至换填材料上,最后与其他路段一并进行泡沫沥青就地冷再生。

(2) 就地冷再生施工之前应对路表面进行清扫,保持路表层表面干净、平整。如果再生层表面不规则,应采取适当的整形方式,以达到线形要求,并保证最终压实后再生层的厚度满足要求。

6.2.5 试验路段

在正式铺筑泡沫沥青冷再生混合料之前,应先拟定试验路段铺筑方案,并铺筑试验路段。试验路段应当位于施工路段之内,试验段的长度应根据试验目的确定,宜选在正线上铺筑 200~400 m。

通过试验路段应当确定以下内容:

(1) 验证现场材料的级配和泡沫沥青冷再生混合料的生产配合比。
(2) 热沥青的实际生产温度。
(3) 沥青的发泡性能。
(4) 泡沫沥青冷再生混合料的最大干密度、最佳含水量和最佳用水量。
(5) 再生机的铣刨深度和速度,以及再生层的松铺系数(对于轮胎式或未配置熨平装置的再生机,其松铺系数指的是未经轮胎碾压区域的松铺系数)。
(6) 每个再生作业段的合适长度。
(7) 不同压实组合下的压实度和每一碾压作业的合适长度。
(8) 泡沫沥青冷再生混合料的性能指标。
(9) 检验各种施工机械的效率及组合方式是否匹配。
(10) 泡沫沥青冷再生层的养生条件及成型情况。
(11) 标准施工方法。

6.2.6 新集料的添加

新集料应保持干燥。添加两种及以上不同规格的新集料时,应将需要添加的集料按照比例事先拌和均匀,并使用摊铺机进行摊铺。人工摊铺时,应事先在旧路面上打格,计算单位面积新集料的添加量。打格宜按照每 100~300 m^2 的面积进行总量控制,撒布应厚度均匀。

6.2.7 水泥的添加

可采用水泥稀浆车、水泥撒布机或人工撒布的方法添加水泥,具体要求如下:

(1) 采用水泥稀浆车撒布时,应根据生产配合比设计值在水泥稀浆车上进行设定,水泥和水的比例通过电脑进行实时控制,水泥和水混合均匀后输送至再生机铣刨搅拌室内进行喷洒。

(2) 采用水泥撒布机撒布时,水泥的用量应比生产配合比设计值高5%。根据水泥的实际用量和撒布机出料速度,通过计算得出撒布机的行驶速度标准值。水泥撒布施工时,撒布机的实际行驶速度不应超过行驶速度标准值的±10%。水泥撒布一旦完成,除了再生机(包括附属设备)以外其他车辆一律不得进入施工区域。

(3) 采用人工撒布时,应要求工人佩戴防尘器具,水泥的实际用量应比生产配合比设计值高 10%。根据水泥的实际用量,通过计算得出每袋水泥质量所占的比例。撒布水泥时应均匀,同时注意提醒工人降低扬尘。水泥撒布一旦完成,除了再生机(包括附属设备)以外其他车辆一律不得进入施工区域。

6.2.8 再生机作业

再生机作业时,应满足以下要求:

(1) 为了获取质量稳定的 RAP,应在大规模铣刨前,进行铣刨试验,通过比较不同铣刨速度的 RAP 级配,确定合适的铣刨速度范围。再生机工作速度范围一般控制在 3~10 m/min。

(2) 在直线和不设超高的平曲线路段,再生机应首先沿着路幅的外侧开始,然后逐渐向路幅内侧施工;在设超高的平曲线路段,再生机应首先沿着路幅的内侧开始,然后逐渐向路幅外侧施工。

(3) 应考虑在再生路面上设置再生机的方向引导措施,以保证再生机沿着正确的方向前进。

(4) 应至少每隔 200 m 检测和记录再生机的工作速度,以确保再生机保持一定的生产效率和良好的再生效果。

(5) 应当安排经验丰富的施工人员在再生机后面连续观测拌和材料是否均匀,一旦发现沥青出现条状或结团现象,应立即停止施工。

(6) 铣刨前应对原有路面进行必要的清洗,以保证 RMAP 材料洁净,不得混入其他结构层材料和杂物,并且在铣刨过程中随时观察 RMAP 和铣刨面的外观,发现异常时应及时调整铣刨方案。

(7) 宜选用同一型号的再生机,应保持恒定的铣刨速度,且铣刨刀头完整,不得缺失。

6.2.9 施工作业段及长度

采用就地冷再生机通常会分段作业(尤其是轮胎式就地冷再生机),此时满足以下要求:

(1) 再生施工的每个作业段内,为避免产生夹层,宜一次性摊铺或整平、压实。

(2) 应根据再生施工的效率和添加水泥等活性填料的初凝时间确定冷再生施工作业段的长度,对于轮胎式再生机宜控制在 50~200 m,当履带式再生机与摊铺机同步摊铺时可根据路面宽度等确定。

6.2.10 整平

根据工艺不同,冷再生材料可通过摊铺机摊铺或平地机整平。

(1) 采用摊铺机摊铺,摊铺机应与再生机速度同步,并应注意控制好横坡度和厚度,宜采用钢丝绳或平衡梁引导方式控制摊铺平整度和厚度;应合理选择熨平板的振幅和夯锤振动频率。一般情况下,冷再生混合料宜采用"夯锤振动频率大于熨平板振幅"的方式,以提高冷再生混合料的初始压实度;应控制好料位传感器的高度,使储料箱中的螺旋送料器始终埋入冷再生混合料不小于 3/4 的高度,以减小在摊铺过程中冷再生混合料的离析;摊铺机熨平板必须拼接紧密,不许存有缝隙,以防止卡入粒料将铺面拉出条痕。

(2) 对于轮胎式就地冷再生,静压结束后,需要平地机进行整平工作,以消除再生机轮迹印,切削深度应由深至浅。在直线和不设超高的平曲线路段,平地机应由路肩向路中心刮平;在设超高的平曲线路段,平地机应由内侧向外侧刮平。刮平后多余的混合料应予以废弃。

6.2.11 碾压

泡沫沥青冷再生混合料碾压过程中,应满足以下要求或流程:

(1) 冷再生混合料整平或摊铺后应及时压实,其单层压实最大厚度不宜大于 25 cm。

(2) 在直线和不设超高的平曲线路段,由两侧路肩向路中心碾压;在设超高的平曲线路段,由内侧路肩向外侧路肩碾压。碾压时应重叠 1/3 轮宽,后轮压完路面全宽时即为 1 遍。

(3) 碾压流程宜为:双钢轮压路机静压—单钢轮压路机高幅低频强振碾压—双钢轮压路机高频低幅弱振碾压—视表面干燥情形决定是否洒水—轮胎压路机碾压。

(4) 钢轮压路机的工作速度不得超过 3 km/h;轮胎压路机的工作速度不得超过 4 km/h。

6.2.12 接缝

就地冷再生机施工作业时,通常会产生工作缝,包括纵向接缝和横向接缝,对于两种接缝的处理应满足以下要求:

1) 纵向接缝

相邻两个再生幅面应具有一定的搭接宽度。第一个再生作业的宽度应与铣刨毂的宽度一致,所有后续有效再生幅面的纵向搭接宽度不宜小于 10 cm。

再生机应准确地沿着预先设置的铣刨指引线前行。若偏差超过 10 cm,则应立即倒退至开始出现偏差的地方,然后沿着正确的铣刨指引线重新施工(无须再加水或者稳定剂)。再生机上每个喷洒水和沥青的喷嘴均有一定的有效喷洒宽度,当搭接宽度超过 1 个喷嘴的有效喷洒宽度时,后续施工应根据搭接宽度关闭若干个喷嘴,以保证重叠区域没有多余的水和沥青。

2) 横向接缝

当一个工作日结束、两个相连作业段连接、再生途中更换罐车或其他情况造成的停机均会形成横向接缝,重新作业开始前整个再生机组应后退至已再生路段至少 1.5 m 的距离,以保证接缝宽度上的材料得到处理。对于超过水泥等活性填料初凝时间的段落,在接缝处应重新撒布水泥,但不用撒布石屑、碎石以及喷洒泡沫沥青。

6.2.13 养生

泡沫沥青冷再生层在加铺上层结构前应进行自然养生,以保持再生层处于接近干燥的状态,养生结束后及时加铺封层,具体养生要求如下:

(1) 日最低气温在 20 ℃ 以上,再生层在完成压实至少 1 天后方可进行边通车边自然风干养生。

(2) 日最低气温在 20 ℃ 以下或再生层完成压实后遭雨淋时,应在封闭交通的情况下,进行自然风干养生。

当满足以下两个条件之一时,可以结束养生:

(1) 再生层可以取出完整的芯样。

(2) 再生层的含水量低于 2.0%。

6.2.14 开放交通

泡沫沥青冷再生层碾压完毕后,视下面三种情况决定是否开放交通。

(1) 最低气温在 20 ℃ 以上,再生层在完成压实至少 1 天后,在不加铺封层的情况下可开放交通,但应限制重载车辆通行,并严禁车辆在再生层上掉头和应急刹车,开放交通时间不宜超过 30 天。

(2) 日最低气温在 20 ℃ 以下或再生层完成压实后遭雨淋时,不宜开放交通。

(3) 当满足结束养生条件,并加铺封层后,可开放交通,但应限制重载车辆通行,并严禁车辆在再生层上掉头和应急刹车,开放交通时间不宜超过 30 天。

6.3 泡沫沥青厂拌冷再生施工工艺及设备

6.3.1 工艺原理

厂拌冷再生工艺是指旧沥青路面材料经过铣刨,运送至指定的场地,根据铣刨后材料的级配情况添加部分新料,通过固定的再生设备加入泡沫沥青、水和水泥,在常温下拌和形成新的泡沫沥青冷再生混合料,然后运送至道路施工现场,摊铺和压实成型后,成为新路面的下面层或基层的工艺。施工工艺原理如图 6-7 所示。

厂拌冷再生施工流程图如图 6-8 所示。

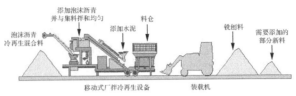

图 6-7　厂拌冷再生施工工艺原理

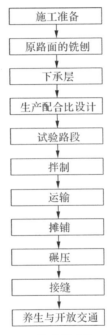

图 6-8　厂拌冷再生施工流程图

6.3.2　适用范围

泡沫沥青厂拌冷再生工艺主要用于旧沥青路面材料的再生利用,适用于各等级公路沥青路面的大修、改扩建工程,可用于高速公路、一级公路和二级公路沥青路面的下面层及基层,三、四级公路沥青路面的上面层。城市道路的大修与改扩建工程可参照应用。

厂拌冷再生主要适用于:

(1) 标高不宜增加或增加不多(通常小于 5 cm)的公路;

(2) 具有较多沥青面层铣刨材料可以使用的路段;

(3) 路面结构整个面层和大部分基层损坏,处理深度较大,而且下承层病害处理面积较大的路段;

(4) 路面线形需要较大调整,而且路表面平整度要求较高的路段;

(5) 施工点附近具备合适的拌和场地的路段。

6.3.3 主要施工设备

应配备齐全的施工机械和配件,应对泡沫沥青冷再生拌和设备、铣刨机、摊铺机、压路机等各种施工机械和设备进行调试,对机械设备的配套情况、技术性能、传感器计量精度等进行认真检查、标定。做好开工前的保养,并尽量避免在施工期间发生有碍施工进度和质量的故障,主要配置设备如下:

(1) 可生产泡沫沥青的连续式或间歇式专用厂拌冷再生设备,冷料仓不宜少于两个,配有水泥添加系统,并具有与测重传感器和数据显示仪相连的全电脑控制系统。发泡沥青的喷嘴应能够自清洗,其连续生产能力不宜低于 150 t/h,且与生产需求量相适应。同时,应配有检测和试验喷嘴,以随时检查沥青的发泡效果。

(2) 20～40 t 水泥料仓。

(3) 30 t 以上沥青加热保温罐。

(4) 破碎筛分系统 1 套(必要时)。

(5) 装载机若干辆。

(6) 铣刨机若干台,宜为同一型号。

(7) 宜采用自动找平方式的摊铺机 1～2 台。

(8) 25 t 以上轮胎压路机 1～2 台,8～13.5 t 双钢轮压路机 1～2 台,15～25 t 单钢轮压路机(带强弱振动调整)1～2 台。

(9) 载质量 15 t 以上的自卸汽车若干辆。

该工艺的核心施工设备为德国维特根公司生产的 KMA220 泡沫沥青移动厂拌冷再生设备,该设备能够快速转移场地,方便运输。运输状态下的 KMA220 如图 6-9 所示。该设备由 1 个水箱、2 个集料仓、水泥螺旋添加系统、双卧轴强制搅拌锅、喷洒系统(可以自动喷洒水、乳化沥青和泡沫沥青)、操作室和输料皮带等组成。2 个集料仓都有筛网,可以将超粒径的材料筛除掉,通常 1 个用于添加回收料,另外 1 个用于添加新骨料,如图 6-10 所示。冷料仓的送料速度可以控制回收料和新骨料的比例。两个料仓的材料同时在输料皮带混合,并在此添加精确计量的水泥等填料,然后运输至双卧轴强制搅拌锅里,在强制搅拌锅上方装有泡沫沥青喷嘴和水喷嘴,可以同时喷洒泡沫沥青和水,喷入量可根据集料的质量,通过电脑控制。

KMA220 移动式搅拌站安装有强力 6 缸发动机,可实现 131 kW 的功率输出,完全满足搅拌站的动力需求。由于自身配备发电机,因此不需要外来供电,与此同时发动机在非生产状态可转换到 ECO 模式运行,降低了噪声及空气污染。KMA220 的主要技术参数如表 6-3 所示。

图 6-9　运输状态下的维特根移动厂拌冷再生机 KMA220

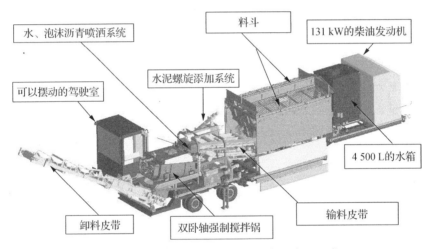

图 6-10　泡沫沥青厂拌冷再生设备及主要组成

表 6-3　KMA220 技术参数

拌和能力/(t/h)	发动机额定功率/kW	工作质量/t	基本机器尺寸
220	131	30 000	13.4 m×2.5 m×4 m

1) 连续式搅拌锅

泡沫沥青冷再生混合料的拌和主要在双卧轴连续搅拌锅内进行,如图 6-11 所示,该搅拌锅配备抗磨损搅拌大臂及可调整的搅拌叶片,充分保证了再生料均匀一致的搅拌效果。锅内料位可通过液压调节搅拌锅出料口开度进行控制。

KMA220 移动式搅拌设备具有批量式和持续式两种生产模式。再生料既可以被直接装载到入

图 6-11　KMA220 连续式双卧轴搅拌锅

料车,也可以存储在转运输料器中。

2)水和泡沫沥青喷洒系统

水由装于机身一侧或水箱内部的离心蝶杆泵输送给搅拌锅,并被喷洒在搅拌锅的进料端。使用磁感应式流量计确保最佳洒水量,水箱水位由显示器显示。泡沫沥青喷洒系统包括适用于 200 ℃ 以下热沥青的电加热齿轮泵、带多个膨胀室的泡沫沥青喷洒杆、发泡用水喷洒系统、位于一端的测试

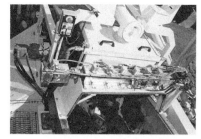

图 6-12　KMA220 水和泡沫沥青喷洒系统

喷嘴、带温度指示的沥青过滤器。所有沥青管路均绝热并采用电加热。配备热沥青流量测试装置、沥青及水压力监视装置、泡沫沥青系统全套开式及闭式回路控制系统。KMA220 水和泡沫沥青喷洒系统如图 6-12 所示。

3)粉料添加系统

粉状黏结剂通过可摆动的供料螺旋输送器和搅拌锅上的称量螺旋输送器实现供料。供料螺旋输送器可以安装在机身的任一侧,摆动至搅拌锅上合适的位置,运输时固定在机身上。称量螺旋输送器用于精确计量粉状黏结剂的用量,运输时传感器的专用固定装置为标准配置。

6.3.4　场地选择与布置

拌和场地宜选在空旷、干燥、交通便利,并远离工厂、居民区、经济农作物及畜牧业集中的区域。拌和场地的面积要根据项目工程量、拌和设备的型号、施工工期、材料供应速度通过计算确定,拌和设备应将生活区及工作区分开,KMA220 移动拌和设备的典型布置如图 6-13 所示。拌和场地要有良好排水、防水措施。堆料场地和场区道路应进行必要的硬化,杜绝产

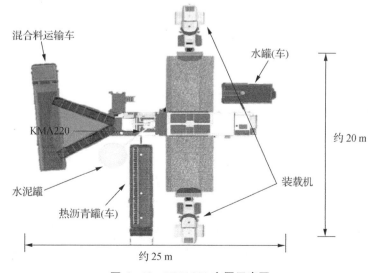

图 6-13　KMA220 布置示意图

生弹簧、翻浆现象。要求专人每天对拌和场、场区道路等及时进行洒水清扫,减少灰尘对集料的二次污染。不同规格材料要严格分档,隔离堆放,严禁混堆;各档材料间应设置高于2 m 的硬分隔墙,2 m 以上部分可采用软隔离;分隔墙顶面高度应高于料堆坡脚至少 50 cm 以上,料堆形状为梯形;砂石材料堆放时应防止离析。

6.3.5 材料

泡沫沥青厂拌冷再生所用各种原材料应满足以下要求:

(1) 对提供新集料、沥青和水泥的生产企业进行严格考察,仔细筛选,并对原材料进行检测,同时要完成 RAP 材料有关性能的检测,确保所提供的原材料质量,不合格材料不得进入料场。

(2) RAP 在回收和存放时不得混入其他结构层材料和杂物,并且在铣刨过程中随时观察 RAP 和铣刨面的外观,发现异常时应及时调整铣刨方案。

(3) 对于无法确定料源的或对质量怀疑时,应按照规范规定的取样方法在 RAP 料堆不同位置进行取样检测。

(4) 不同来源的 RAP 材料应分别回收、分开堆放、不得混杂;堆放过程中应均匀堆放避免出现离析现象;回收和存放时不得混入其他材料,如水泥混凝土废料、杂物、土等杂质。

(5) 对于超粒径颗粒含量不符合规范要求的 RAP 应进行二次破碎。

(6) 应防止阳光长时间照射 RAP,RAP 和新添加的集料应设防雨措施。

(7) 运输至场地的 RAP 应及时使用,堆放时间不宜超过 12 个月,堆放高度不宜高于 5 m。

(8) 为提高 RAP 的均匀性,宜使用小型推土机或铲车(自重不宜太大,防止 RAP 材料压实)摊开并进行逐层堆料,使用 RAP 时应从料堆的一端开始在全高范围内铲料。

6.3.6 原路面的铣刨

对原路面铣刨时,应满足以下要求:

(1) 应根据原路面调查及 RAP 材料评价结果(沥青含量和级配情况)确定铣刨段落和厚度,分段、分层、分车道回收。

(2) 对于原有道路局部破碎严重和局部特殊修补的区域,应预先挖除掉之后再统一进行铣刨。

(3) 应采用能对层厚进行自动控制的铣刨机回收 RAP。

(4) 应在大规模正式铣刨前,进行铣刨速度试验,通过比较不同铣刨速度的 RAP 级配,确定合适的铣刨速度范围。铣刨机工作速度范围宜控制在 3~10 m/min。

(5) 铣刨前应对原有路面进行必要的清洗,以保证 RAP 材料洁净。

(6) 宜选用同一铣刨宽度的铣刨机,同一批次铣刨应保持恒定的铣刨速度,且铣刨刀头完整,不得缺失。

(7) 铣刨后的路槽应当平整、坚实,符合规定的横坡度,不得出现薄的夹层。

6.3.7 下承层

泡沫沥青厂拌冷再生混合料摊铺前应先检查下承层的质量,并满足以下要求:

(1) 应对下承层的承载能力(强度)和病害进行全面检测和调查。

(2) 对于承载能力(强度)低于设计值的区域或对于网裂或沉陷区域,应对下承层进行加固处理,可在已铣刨面的基础上再向下铣刨,并换填材料,压实后在新老交界处铺设0.5~1 m宽的聚酯玻纤网或抗裂贴。

(3) 对下承层存在的裂缝情况进行仔细检查。当裂缝宽度小于5 mm时,可在裂缝处先喷洒乳化沥青,再铺设0.5~1 m宽的聚酯玻纤网或抗裂贴;当裂缝宽度大于5 mm时,应先对裂缝进行开槽灌缝处理,并喷洒乳化沥青,再铺设0.5~1 m宽的聚酯玻纤网或抗裂贴。

(4) 摊铺泡沫沥青冷再生混合料之前,应安排人员(或清扫车)清扫路槽。

6.3.8 试验路段

在正式铺筑泡沫沥青冷再生混合料之前,应先拟定试验路段铺筑方案,并铺筑试验段。试验路段应当位于施工路段之内,试验段的长度应根据试验目的确定,宜选在正线上铺筑200~400 m。

通过试验路段应当确定以下内容:

(1) 验证现场材料的级配和泡沫沥青冷再生混合料的生产配合比。

(2) 热沥青的实际生产温度。

(3) 沥青的发泡性能。

(4) 泡沫沥青冷再生混合料的最大干密度、最佳含水量和最佳用水量。

(5) 摊铺的厚度与速度,以及再生层的松铺系数。

(6) 不同压实组合下的压实度和每一碾压作业的合适长度。

(7) 泡沫沥青冷再生混合料的性能指标。

(8) 检验各种施工机械的效率及组合方式是否匹配。

(9) 泡沫沥青冷再生层的养生条件及成型情况。

(10) 标准施工方法。

6.3.9 拌制

泡沫沥青厂拌冷再生拌制过程中,应满足以下要求:

(1) 如果厂拌冷再生设备自有料仓数量有限,应考虑额外增加料仓或按照生产配合比设计比例将材料混合均匀后,再将其混合物装载到再生机料仓。

(2) RAP、新集料与水泥按比例配制完成后输送至强制搅拌锅内,然后喷入水,经过 5~10 s 搅拌后,喷入泡沫沥青,最后搅拌 10~20 s。

(3) 应当经常观测冷再生混合料拌和情况,及时调整喷水量,同时观察混合料是否均匀,一旦发现沥青出现条状或结团现象,应立即停止生产。

(4) 拌制好的泡沫沥青冷再生混合料如采用输料皮带直接出料,为防止粗细集料离析,不宜直接装入运料卡车。

(5) 冷再生混合料取样应符合现行试验规程的要求,从冷再生混合料运料车上取样时应在取样台几处采集 30~50 cm 以下的样品。

(6) 每个工作班结束时应打印出一个工作班材料用量和冷再生混合料拌和量的统计量,计算沥青、水泥及添加新材料的用量,与设计值及容许值的波动相比较,评定是否符合要求。当不符以上要求时,宜对设定值进行适当调整。

(7) 冷再生材料拌和完成后,应尽快运输至现场进行摊铺和压实。

6.3.10 运输

冷再生混合料应采用运料车运输,但不得超载运输。运料车的运力应稍有富余,车厢内壁应在装料前进行喷水湿润。运料车应用油毡布覆盖,以防止运输材料时水分蒸发或遭雨淋。施工过程中摊铺机前方应有至少 2 辆运料车等候。

6.3.11 摊铺

泡沫沥青厂拌冷再生混合料摊铺过程中,应满足以下要求:

(1) 泡沫沥青冷再生混合料摊铺应保证足够的厚度,碾压成型后每层的摊铺厚度宜不小于 10 cm。

(2) 摊铺机应缓慢、均匀、连续不间断地摊铺,中途不得随意变换速度或停顿,摊铺速度宜控制在 2~5 m/min 的范围内,以防止混合料离析。当发现混合料出现明显的离析、波浪、裂缝、拖痕时,应分析原因,予以消除。

(3) 冷再生混合料的摊铺松铺系数应根据试验路段结果确定。摊铺过程中应随时检查摊铺层厚度及路拱、横坡度。

(4) 摊铺过程中的细微缺陷宜由人工做局部找补,严重缺陷应整层铲除更换混合料。

6.3.12 碾压

泡沫沥青厂拌冷再生混合料碾压过程中,应满足以下要求或流程:

(1) 冷再生混合料摊铺后应及时压实,其单层压实最大厚度不宜大于 25 cm。

(2) 在直线和不设超高的平曲线路段,由两侧路肩向路中心碾压;在设超高的平曲线路段,由内侧路肩向外侧路肩碾压。碾压时应重叠 1/3 轮宽,后轮压完路面全宽时即为 1 遍。

（3）压实流程宜为：双钢轮压路机静压—单钢轮压路机高幅低频强振压实—双钢轮压路机高频低幅弱振压实—视表面干燥情形决定是否洒水—轮胎压路机压实。

（4）钢轮压路机的工作速度不得超过 3 km/h；轮胎压路机的工作速度不得超过 4 km/h。

6.3.13 接缝

摊铺机摊铺泡沫沥青冷再生混合料时，有时会产生工作缝，包括纵向接缝和横向接缝，都应采用垂直的平接缝。所有的接缝处都要往完全压实的路段一侧去除部分材料。纵向接缝至少去除 20 cm，横向接缝至少去除 10 cm。

6.3.14 养生

同 6.2.13 节内容。

6.3.15 开放交通

同 6.2.14 节内容。

6.4 泡沫沥青厂拌冷再生施工工艺（S340 赵庄至后阳段干线公路）

本节结合 S340 赵庄至后阳段干线公路泡沫沥青冷再生建设工程总结并提出施工工艺流程、施工控制要求等，如拌和中的级配检验、温度控制、含水量控制、拌和时间等；混合料摊铺压实过程中的温度、含水量等的控制方法。通过试验段试铺，总结并提出施工检测及验收的各项指标及其取值，检测指标包括压实度、平整度、纵断高程、宽度、厚度、横坡度、强度等。

当堆置有沥青路面铣刨的回收旧料或者由于某些原因现有路面必须铣刨并移出原地时，需要采用厂拌冷再生进行施工。以泡沫沥青作为稳定剂的厂拌冷再生可在不改变路面几何形状的同时显著提高路面的结构性能，可处治路表及路基的多种病害。通常会在再生层上加铺沥青层或进行表面处治，以此来保护再生结构路面层，避免发生水损害或受到交通磨耗的作用。厂拌冷再生的施工工序主要包括原路面铣刨、铣刨料的破碎和堆置、再生料的拌和，以及再生料的摊铺和碾压等，如图 6-14 所示。

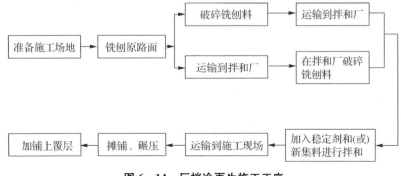

图 6-14 厂拌冷再生施工工序

铣刨料的破碎和堆置过程中,应该根据铣刨料的品质情况和再生料的用途来决定是否需要进行进一步的破碎处理。若能够比较彻底地破碎铣刨料,则不仅可以减少回收旧料中超粒径的问题,还可以使得铣刨料颗粒富有棱角,级配更为稳定。

泡沫沥青厂拌冷再生中再生料的拌和可采用维特根公司的 KMA200 型厂拌设备。KMA200 是一种可移动的、能快速安装的高生产率的拌和设备,其包括集料仓、泵送/喷洒系统、一个生产力可达 200 t/h 的双卧轴搅拌锅。KMA200 的微机操作系统,可根据设计及实际需求,调整各组成材料的比例,实现对再生料的良好拌和。

厂拌冷再生施工与就地冷再生施工最大的区别在于将铣刨料运回拌和厂,利用集中厂拌设备进行再生料的拌和,其他方面两种方法基本相同。其他的施工工艺可参考"6.2 泡沫沥青就地冷再生施工工艺及设备"。

6.4.1 厂拌冷再生施工设备

(1) KMA200 厂拌冷再生设备,如图 6-15 所示。
(2) 16 t 以上的单钢轮振动压路机一台(带强弱振动调整)。
(3) 12 t 以上的双钢轮振动压路机一台(带强弱振动调整)。
(4) 胶轮压路机一台(20 t 以上)。
(5) 水车一台。
(6) 装载机 3 台。
(7) 运输卡车若干辆,如图 6-16 所示。

图 6-15　KMA200 泡沫沥青厂拌冷再生机

图 6-16　泡沫沥青材料输送

6.4.2 厂拌冷再生施工控制要求

在施工前或施工中,由于现场施工条件复杂多变,因此有如下情况需特殊注意和处理:

1) 再生前的路表面处理

对原有路表面层进行拉毛处理,处理后的路面必须清扫,以保持下承层表面干净、平整、然后喷洒黏层油。

2) 天气限制

当测得料堆的温度低于 10 ℃时不宜进行再生作业。同时在雾天或者雨天也不宜进行再生作业。

3) 黏结料的使用

黏结料包括沥青和水泥,使用过程中,在拌和时间一定的情况下,沥青的发泡条件对沥青的分散效果影响很大,进而对沥青的强度也影响很大,因此需要严格控制。水泥的参配量也应该严格控制,应控制在容许误差范围内。

(1) 沥青

通过再生机上能够标定沥青用量的控制器来实现沥青黏结剂的均匀喷洒。膨胀率不应低于 12,半衰期不低于 10 s。生产拌和时的沥青温度范围为 160~180 ℃。

(2) 水泥

水泥料罐偏小造成连续生产时需要频繁添加水泥,严重影响施工效率,因此水泥料罐的容量不宜低于 20 t。每一个生产工作班都要记录辅助黏结剂的用量,用量的允许误差为 ±10%。

4) 新添加材料的拌和

应根据生产配合比将需要添加的石屑和碎石事先拌和均匀,可采用装载机将石屑和碎石按一定比例拌和好,然后再添加至厂拌设备。

必须对堆积在拌和场地的石屑采取防雨措施,避免雨水的浸泡。

5) 再生料的拌和

利用维特根 KMA200 进行混合料的厂拌。装入 KMA200 的旧沥青铣刨料(RAP)、石屑、水泥通过设备的微机控制系统自动调整比例以符合设计级配。RAP 中的超粒径颗粒利用 5 cm 的过滤筛孔进行去除,以保证混合料的级配和性能。沥青罐车和水车与 KMA200 相接,以提供混合料所需的泡沫沥青。进行沥青发泡之前,应检查罐车中的沥青温度是否符合要求,若低于发泡温度则不予使用。通过 KMA200 上的试验喷嘴可检验现场沥青发泡效果。另外,还需检查拌制出的泡沫沥青混合料,连续观测混合料湿度及沥青分布是否均匀等,一旦发现沥青出现条状或结团现象,应立即停止生产,查明原因后方可继续生产。

6) 再生料的装载

宜将现成品料首先输送到地面上,然后使用装载机进行简单翻拌后再装载到卡车上,如果离析不大也可直接装载到卡车上。运输过程中应在卡车上覆盖布,以防止水分散失。

7) 再生料的摊铺

摊铺机的摊铺速度应根据拌和机的产量、施工机械配套情况及摊铺厚度、摊铺宽度,按

2～4 m/min 予以调整选择,做到缓慢、均匀、不间断地摊铺。

8) 再生层的压实

应当及时压实泡沫沥青再生料。压路机的工作速度不得超过 3 km/h。胶轮压路机在进行终压时,如果再生层表面干燥泛白,必须向再生层表面洒少量水,但是洒水量应严格控制,只需将表面湿润即可。压实度应为击实试验所得最大干密度的 98% 以上。

9) 接缝

接缝包括纵向接缝和横向接缝。横向接缝主要位于前一段施工结束后与下一段施工开始处的区域。所有的纵向和横向接缝处都要往完全压实的路段方向一侧去除部分材料。纵向和横向接缝至少分别去除 100 mm 和 70 mm。

6.4.3 厂拌冷再生施工方案

1) 试验段试铺

施工中试验段前 150 m 为试铺段。

(1) 试验段目的

通过试铺确定:

① 摊铺机的控制方式、摊铺速度、作业平整度控制措施;
② 压实机具的组合、压实顺序、压实速度及遍数;
③ 压实厚度的松铺系数;
④ 人员配合;
⑤ 拌和器械的生产工艺和技术参数;
⑥ 现场清扫能力;
⑦ 装载机、拌和设备、汽车运力和摊铺机生产能力配套的情况;
⑧ 交通封闭方案;
⑨ 解决存在问题的方案。

(2) 试验段试铺准备工作

① 冷再生的拌和与计量设备经过计算标定,并满足要求;
② 铣刨料拌和后筛分满足级配要求;
③ 沥青及水泥等原材料经试验检测满足使用要求;
④ 先在施工现场对老路的病害做局部处理后对老沥青面层进行整体拉毛,然后浇洒纯沥青用量为 0.2～0.3 kg/m² 的黏层油,如图 6-17 所示,最后摊铺冷再生基层;
⑤ 现场的摊铺机械、碾压机械、运输车辆满足要求,共配有摊铺机 2 台,胶轮压路机 1 台,双钢轮压路机 2 台,振动压路机 1 台,自卸车 15 辆;

图 6-17 浇洒黏层油

⑥ 沥青拌和站生产配合比为:石屑:(RAP<9.5):(RAP>9.5):水泥＝13.5:50:35:1.5。其中,最佳沥青含量为 2.2%。

(3) 试验段试铺要求

试铺长度为 150 m,将室内试验结果作为生产配合比进行施工。

根据生产配合比提取现场材料,选取 5 个用水量进行土工击实试验,确定最大干密度和最佳用水量。测试试验段施工时沥青的施工温度、沥青发泡性能,并观测成品材料中沥青的分布情况。提取成品料测试含水量,并成型 9 个马歇尔试件,测试其稳定度和干湿劈裂强度;成型 6 个无侧限抗压试件,养生完成后测试其抗压强度。

分别选取 75 m 作为压实工艺试验段,两种压实工艺为:

双钢轮静压一遍—单钢轮大振 2 遍—单钢轮小振 2 遍—双钢轮小振 2 遍—胶轮 5 遍

双钢轮静压一遍—单钢轮小振 3 遍—双钢轮小振 3 遍—胶轮 5 遍

压实完毕后,每个压实试验路段选取 3 处测试点采用灌砂法测试密度,计算压实度。摊铺机的摊铺速度应根据拌和机的产量、施工机械配套情况及摊铺厚度、摊铺宽度确定,按 2～4 m/min 均匀、不间断地摊铺。双钢轮振动压路机静压,每次重叠 1/3 轮宽,单钢轮振动压路机高幅低频强振压实,每次重叠 1/3 轮宽。双钢轮振动压路机高频低幅弱振压实,每次重叠 1/3 轮宽。轮胎压路机压实前,若表面发白,则应洒水至表面湿润。

2) 试验段试铺总结

(1) 试铺过程中发现集料混合后与目标配合比在 4.25 mm 筛孔以上部分吻合非常好,而在 4.25 mm 筛孔以下部分相差较大。因为铣刨料破碎较充分,所以按比例拌和后在 4.25 mm 筛孔以上部分吻合非常好。由于集料储存过程中被雨淋湿,故含水量较大,且筛分前烘干温度过高,细料(尤其是<0.075 mm 部分)与铣刨料中的沥青黏结在一起,故筛分差别较大。因此施工时应保证材料含水量小于 2%,尤其是细料,这样有助于沥青分散,生产出合格的产品。

(2) 泡沫沥青冷再生混合料一旦生产完毕,在整个摊铺、压实过程中,在天气变化、混合料水分少量散失的情形下,不会出现胶结料聚集的现象,具有很好的施工和易性。因此可以在摊铺之前生产混合料,并进行短时间的储存,这样可以保证有充裕的混合料做到不间断的摊铺。

(3) 路面宽度检测9处,合格率为100%;平整度检测34处,合格率为100%;横坡度检测9处,合格率为100%;松铺系数按1.28控制,其纵断高程检验9处,发现偏低,故松铺系数确定为1.35。压实度检测6处,压实度达到工地实验室标准密度2.157 g/cm³的103%,达到实验室标准密度2.22 g/cm³的98%以上,但是实测含水量平均为1.9%。利用再生材料抽提试验测得沥青含量为1.8%,小于最佳沥青含量2.2%,但是根据实际生产总量计算,实际沥青用量与设计用量基本一致,因此认为抽提试验存在一定误差,不能完全反映实际用量。干劈裂强度的平均值为0.65 MPa。马歇尔稳定度为11.73~18.12 kN,流值为8.6~24.5 mm。无侧限抗压强度为1.5 MPa,大于设计值1.3 MPa。前场摊铺碾压设备能满足施工要求。上料、拌和、运输、摊铺、碾压能力基本配套、组合合理。拌和站对混合料拌和充分,所拌和混合料能完全满足要求。

(4) 由于泡沫沥青层较薄,且级配较细,故压实时大振后出现微裂纹,洒水并用胶轮揉搓后效果仍不好(图6-18、图6-19)。因此,决定在不影响压实度的前提下,不用大振,而改成小振4遍,之后再用胶轮揉搓。经试验,效果较好,基本无微裂纹,如图6-20所示。

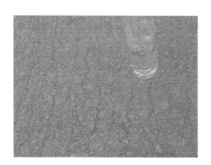

图6-18 大振导致的细裂缝

图6-19 胶轮压路机碾压施工

图6-20 改用小振及胶轮揉搓后路表情况

(5) 拌和后含水量在摊铺碾压时有散失,应使拌和时的含水量略高于目标含水量1～2个百分点。

3) 施工方案

根据试验段试铺总结,将生产配合比略做调整。相关设计如下:

(1) 石屑:(RAP<9.5):(RAP>9.5):水泥=13.4:50:35:1.6。

(2) 含水量:1.3%。

(3) 沥青含量:2.3%;发泡用水量:2.0%;沥青发泡温度:160 ℃以上。

(4) 出料速度:150 t/h。

(5) 运输时间:20～30 min;等待摊铺时间:10～30 min。

(6) 摊铺速度:4 m/min。

(7) 压实工艺:双钢轮静压1遍—单钢轮小振4遍—胶轮5遍。

(8) 养生:3天后可开放交通。

图6-21展示了泡沫沥青冷再生混合料的生产过程,图6-22和图6-23分别展示了泡沫沥青冷再生混合料的摊铺和压实过程。

图6-21 泡沫沥青冷再生混合料的生产

图6-22 泡沫沥青冷再生混合料的摊铺

图 6-23 泡沫沥青层压实

6.4.4 厂拌冷再生施工检验及验收

1) 测试项目及说明

根据室内试验及试验段试铺总结,得出泡沫沥青厂拌冷再生施工测试项目及取值,见表 6-4。

表 6-4 测试项目表

测试项目	规定值或允许偏差	检测方法和频率
压实度/%	代表值:98	每 200 m 车道测一处
	极值:95	
平整度/mm	8	3 m 直尺:每 200 m 测 2 处×10 尺
纵断高程/mm	±15	水准仪:每 200 m 测 4 处
宽度/mm	不小于设计宽度	尺量:每 200 m 测 4 处
厚度/mm	代表值:总厚度设计值的±8%	每 200 m 车道测一处
	极值:总厚度设计值的±12%	
横坡度/%	±0.4	水准仪:每 200 m 测 4 处
强度/MPa	干劈裂强度>0.4,湿劈裂强度>0.3	见实测项目说明
	无侧限抗压强度>1.3	

(1) 压实度

再生层在压实完成后每 200 m 进行压实度检测,检测方法可使用灌砂法或国家规范规定的其他现场压实度测试方法。应将由每摊铺不超过 500 m 的实际材料击实试验获得的最大干密度作为该路段的压实度检测的控制标准。

(2) 干劈裂强度、湿劈裂强度、无侧限抗压强度

再生层材料强度以规定条件下养护的劈裂强度和无侧限抗压强度为准(拌和后成型试件时间不超过 3 h)。

劈裂强度以标准马歇尔试件为准。马歇尔试件成型后,不脱模常温养护 1 天,40 ℃通

风烘箱中养护 3 天,然后将试件在 25 ℃的水中浸泡 24 h,测材料湿劈裂强度。

标准无侧限抗压强度(UCS)试验是在平衡含水量条件下进行的。这是因为这种条件能够代表道路的实际湿度状况。对高 150 mm、直径 150 mm 的试件施加 140 kPa 的恒定荷载,并通过测试试件破坏时的最终荷载确定 UCS。

(3) 再生层成型情况

泡沫沥青再生基层完工后 7 天可对其进行钻芯取样,以观测再生基层的成型情况。芯样直径为 100 mm,取芯频率为每隔 300 m 取芯一次。

(4) 弯沉测试

泡沫沥青再生基层完工后 7 天,再生层顶面每隔 20 m 进行弯沉测试。

2) 测试结果

根据测试项目及要求对泡沫沥青冷再生路面进行检测,以确定施工中各项指标及其准确性,对下一步施工进行指导。检测结果如表 6-5 至表 6-9 所示。

表 6-5 路基路面高程、横坡度检测记录表

测点桩号	幅别	前视读数	实测高程/m	设计高程/m	偏差/mm	路肩高程/m	高差/mm	两点高程间距离/m	横坡度/%	设计横坡度/%	偏差/%
3 520	右	1.319	7.486	7.500	−14	7.279	207	11.25	1.8	2	−0.2
3 540		1.334	7.471	7.483	−12	7.276	195	11.25	1.7	2	−0.3
3 560		1.345	7.460	7.467	−7	7.250	210	11.25	1.9	2	−0.1
3 580		1.355	7.450	7.451	−1	7.233	217	11.25	1.9	2	−0.1
3 600		1.375	7.430	7.434	−4	7.210	220	11.25	2.0	2	0.0
3 620		1.398	7.407	7.418	−11	7.203	204	11.25	1.8	2	−0.2
3 640		1.402	7.403	7.401	2	7.185	218	11.25	1.9	2	−0.1
3 660		1.432	7.373	7.387	−14	7.185	188	11.25	1.7	2	−0.3
3 680		1.440	7.365	7.380	−15	7.188	177	11.25	1.6	2	−0.4

注:现场桩号:K3+510—K3+680 右;水准点高程:7.292 m;后视读数:1.513 m;仪高:8.805 m。

表 6-6 粗集料筛分试验(干筛法)记录表

筛孔尺寸/mm	试样一				试样二				平均通过率/%
	质量/g	分计筛余/g	累计筛余/g	通过率/%	质量/g	分计筛余/g	累计筛余/g	通过率/%	
31.5	0.0	0.0	0.0	100.0	0.0	0.0	0.0	100.0	100.0
26.5	0.0	0.0	0.0	100.0	0.0	0.0	0.0	100.0	100.0
19	201	6.3	6.3	93.7	149.4	6.2	6.2	93.8	93.7
16	176.5	5.5	11.9	88.1	125.1	5.2	11.4	88.5	88.3

续表 6-6

筛孔尺寸/mm	试样一 质量/g	分计筛余/g	累计筛余/g	通过率/%	试样二 质量/g	分计筛余/g	累计筛余/g	通过率/%	平均通过率/%
13.2	226.5	7.1	19.0	81.0	154.9	6.5	17.9	82.1	81.5
9.5	513.8	16.1	35.1	64.9	361.7	15.1	33.0	67.0	65.9
4.75	607.9	19.1	54.2	45.8	408.3	17.1	50.1	49.9	47.9
2.36	611.1	19.2	73.4	26.6	503.9	21.0	71.1	28.9	27.7
1.18	383.1	12.0	85.4	14.6	298.3	12.5	83.6	16.4	15.5
0.6	332.2	10.4	95.8	4.2	283.3	11.8	95.4	4.6	4.4
0.3	95.7	3.0	98.8	1.2	79.1	3.3	98.7	1.3	1.2
0.15	29.1	0.9	99.7	0.2	24.1	1.0	99.7	0.3	0.2
0.075	5.5	0.2	99.9	0.1	4.3	0.2	99.9	0.1	0.1
<0.075	2.1	0.1	100.0	0.0	1.7	0.1	100.0	0.0	0.0
总质量/g	3 184.5				2 394.2				

表 6-7 混合料标准马歇尔(浸水)试验记录表

试件编号	试件平均高度/mm	试件空气中质量/g	试件水中质量/g	试件表干质量/g	相对密度/(g/cm³)	马歇尔稳定度/kN	流值/mm
1	63.6	1 128.9	643	1 161.1	21.179	13.71	8.6
2	63.9	1 129.3	645.4	1 170.3	2.151	11.73	6.5
3	63.2	1 128.4	646.5	1 165.3	2.175	15.65	6.9
4	63.4	1 137.4	651.2	1 161.9	2.227	15.53	17.2
5	63.8	1 142.2	650.9	1 159.6	2.245	18.12	21.3
6	63.5	1 140.1	652.8	1 162.8	2.235	17.65	24.5

表 6-8 混合料无侧限抗压强度记录表

试件编号	质量/g	高度/mm	应力环读数/10^{-2} mm	轴向荷载/kN	强度/MPa
1	6 120	150.3	3.68	30.49	1.47
2	6 119	150.3	3.80	31.85	1.82
3	6 122	150.4	3.42	27.54	1.57
4	6 123	150.5	3.60	29.58	1.69
5	6 120	150.2	3.75	31.28	1.78
6	6 122	150.3	3.60	29.58	1.69

续表 6-8

试件编号	质量/g	高度/mm	应力环读数/10^{-2} mm	轴向荷载/kN	强度/MPa
7	6 120	150.0	3.56	29.13	1.66
8	6 118	149.9	3.77	31.51	1.80
9	6 123	150.3	3.80	31.85	1.82
强度平均值/MPa	1.7				
均方差/MPa	0.1		偏差系数/%		7.10
设计强度/MPa	1.3		试件数量		9
强度代表值/MPa	1.5		保证率系数		1.65

表 6-9 混合料间接抗拉强度试验记录表

试件编号	直径/mm	高度/mm	破坏荷载/kN	劈裂强度/MPa
1	101.6	64.8	6.81	0.66
2	101.6	64.8	6.65	0.65

冷再生混合料的压实是关键，因此在再生基层施工过程中，通过调整施工过程中的摊铺、碾压工艺及遍数，来保证再生基层的压实度。根据室内试验结果，采用破碎旧料的泡沫沥青混合料的标准密度 2.22 g/cm³，以此作为基层控制压实度的标准。表 6-10 是各个路段压实完后，采用灌砂法检测压实度的检测结果。图 6-24 展示了压实后的泡沫沥青再生层表面与铺筑完沥青面层后的情形。

表 6-10 灌砂法测定基层压实度试验记录表

取样桩号	K3+675	K3+650	K3+630	K3+600	K3+570	K3+550
量砂的密度/(g/cm³)	1.44	1.44	1.44	1.44	1.44	1.44
灌入试筒前桶内砂质量/g	8 736	7 886	8 472	9 408	8 968	8 719
灌砂入筒后桶内剩余砂质量/g	6 114	5 222	5 971	6 600	6 057	5 885
灌砂筒下部圆锥体内及基板和地面粗糙表面间砂的合计质量/g	823	837	828	827	836	831
填满试筒所需砂的质量/g	1 799	1 827	1 673	1 981	2 075	2 003
土或稳定土湿质量/g	2 820	2 867	2 611	3 115	3 204	3 195
土或稳定土湿密度/(g/cm³)	2.257	2.260	2.247	2.264	2.223	2.297
土或稳定土含水量/%	1.800	1.900	1.700	2.700	1.400	1.900
土或稳定土干密度/(g/cm³)	2.217	2.218	2.210	2.205	2.193	2.254
最大干密度/(g/cm³)	2.22	2.22	2.22	2.22	2.22	2.22
压实度/%	99.9	99.9	99.5	99.3	98.8	101.5

图 6-24 压实后的泡沫沥青再生层表面与铺筑完沥青面层后的情形

3)试验路检测

(1)再生层铺筑后开放交通的观测

泡沫沥青冷再生层铺筑完毕 3 天后,即开放了交通,在车辆运行 10 天期间内对再生层进行了连续观测,发现在车辆轮胎的不断作用下,泡沫沥青冷再生层表面变得愈加致密,再生层强度不断增强。在加铺沥青面层之前,发现再生层表面没有出现任何变形、裂缝或集料剥落现象。这说明泡沫沥青冷再生混合料具有较高的早期强度和抗车辙能力,可以在压实完毕后,通过 2～3 天的短期养生即可开放交通,这样可以缩短由于封闭施工中断交通的时间,同时可以减少整个工程施工工期。

(2)试验路芯样

泡沫沥青冷再生层铺筑完毕 7 天后,对再生层间隔 300 m 进行钻芯取样,取样直径为 100 mm,深度为整个冷再生层,这些芯样都可以完整取出,而且芯样比较密实。

将这些芯样切割成标准的马歇尔试件,随后对这些芯样进行干湿劈裂强度测试,测试结果表明 7 天后芯样的强度,已经完全可以满足设计要求。

(3)试验路弯沉

沥青面层摊铺完毕后,在沥青面层间隔 20 m 进行了弯沉检测,结果显示整个试验路的代表弯沉值为 27.5(0.01 mm)。这说明泡沫沥青冷再生试验段具有很高的结构承载能力,完全满足路面大修的设计要求。

6.5 泡沫沥青就地冷再生与厂拌冷再生施工工艺比较

就地冷再生的特点在于冷再生料由成套的冷再生设备机组自行完成,施工效率高。由于就地采用铣刨料,免除了运输环节,因此在成本上有优势。同时,就地冷再生中,铣刨后的回收料可以全部利用,无旧料丢弃问题,环保高效。但是,难以对冷再生料的质量进行有效的过程控制,无法预测出冷再生料的现场级配,冷再生料的拌和均匀性远远不及厂拌冷再生料。此外,就地冷再生层的平整度要差于厂拌冷再生层,这是因为平地机的找平功能远远不及摊铺机。即使是配置了熨平板的履带式冷再生机,由于工作宽度小于一个车道,因此多次搭接而成的平整度仍不及一次成型的摊铺机。

与就地冷再生相比,厂拌冷再生的费用相对较高,主要是因为施工过程中存在铣刨料和冷再生料的运输。但是对于再生料质量控制而言,由于多种原因就地冷再生施工中难以对拌和的冷再生混合料实现理想的质量控制;而厂拌冷再生中,冷再生混合料在拌和前各组成材料分堆放置,可在拌和前进行测试,也可在拌和中根据具体情况进行相对组成材料的调整。除此之外,在拌和过程中,可以对拌和设备进行相应的调整,如拌和时间、拌和速度等,用以改善冷再生混合料的拌和效果。因此,厂拌冷再生施工可以获得质量相对优良的冷再生混合料。此外,厂拌冷再生能较好地把控生产质量,保障摊铺成型的冷再生层的关键指标,如厚度、平整度等。

第七章 泡沫沥青冷再生工程应用

7.1 泡沫沥青就地冷再生工程应用

7.1.1 项目概况

G107国道京港线江夏段原有公路技术标准为公路等级二级,设计速度60 km/h,路基宽14 m,路面宽12 m,交通等级为重交通,交通量大,24 h交通量达到1万辆以上,每分钟7辆以上车辆通过,而且重型卡车车辆较多,交通分流困难。同时由于纸贺公路(省道武咸公路)也在提档升级施工,因此大量车辆只能通过G107国道。

G107国道京港线江夏段原设计路面结构为5 cm AC-16C沥青混凝土上面层+7 cm AC-25C沥青混凝土下面层+20 cm水泥稳定碎石上基层+20 cm水泥稳定碎石下基层+20 cm水泥稳定碎石底基层,经过多年的通车运行(2009年大修),现有沥青路面出现了车辙和横向裂缝等损坏,急需进行提档升级维修。根据路况检测结果,并结合路面的现有病害情况,对K1356+600~K1362+200段沥青混凝土面层进行就地冷再生,形成10 cm泡沫沥青就地冷再生下面层,然后加铺4 cm AC-13改性沥青上面层。

本书依托G107国道京港线江夏段道路提档升级工程中泡沫沥青冷再生技术的工程应用,探讨了高性能就地冷再生混合料用于沥青路面下面层的原材料试验分析、配合比设计、机械设备和人员配备,以及应用过程中的施工工艺、养生方法及质量控制方法,为泡沫沥青就地冷再生技术应用于大交通量重载公路的大中修工程提供了参考。

7.1.2 原材料分析及试验

1) 道路石油沥青

用于发泡的石油沥青宜采用中石化东海牌70号A级道路石油沥青,检测结果与技术要求如表7-1所示。

表7-1 道路石油沥青检测结果与技术要求

序号	检测项目		计量单位	技术要求	检测结果	试验方法
1	针入度(25 ℃,100 g,5 s)		0.1 mm	60~80	67	JTG E20—2011 T 0604
2	延度(15 ℃,5 cm/min)		cm	≥100	>100	JTG E20—2011 T 0605
3	软化点(环球法)		℃	≥46	47	JTG E20—2011 T 0606
4	溶解度		%	99.5	99.88	JTG E20—2011 T 0607
5	闪点		℃	≥260	307	JTG E20—2011 T 0611
6	薄膜沥青加热	质量变化	%	≤0.8	0.021	JTG E20—2011 T 0610
		残留针入度(25 ℃,100 g,5 s)	0.1 mm		45	
		残留针入度比	%	≥61	67.2	JTG E20—2011 T 0604
		残留延度(10 ℃)	cm	≤6		T0605

2) 泡沫沥青

按照《公路沥青路面再生技术规范》(JTG/T 5221—2019)附录C的方法,对沥青进行发泡试验,试验选用膨胀率和半衰期作为评价指标。最佳发泡条件下泡沫沥青的膨胀率和半衰期实测值与技术要求如表7-2所示。

表7-2 泡沫沥青检测结果与技术要求

检测项目	计量单位	技术要求	实测值	试验方法
膨胀率		≥10	12	JTG/T 5221—2019 附录C
半衰期	s	≥8	12	JTG/T 5221—2019 附录C

3) 新集料

根据级配设计结果,新集料选用9.5~26.5 mm的碎石,其质量应符合《公路沥青路面施工技术规范》(JTG F40—2004)的技术要求。本书选用武汉乌龙泉矿生产的粗集料,其检测结果与技术要求如表7-3所示。

表7-3 粗集料检测结果与技术要求

序号	检测项目	计量单位	技术要求	实测值	试验方法
1	表观相对密度		≥2.45	2.732	JTG E42—2005 T 0304
2	吸水率	%	≤3	0.91	JTG E42—2005 T 0304
3	针片状颗粒含量	%	≤20	8.6	JTG E42—2005 T 0312
4	压碎值	%	≤30	21.5	JTG E42—2005 T 0316
5	软石含量	%	≤5	0.7	JTG E42—2005 T 0320

4) 水泥

选用武汉万年福 PO42.5 普通硅酸盐水泥,其检测结果与技术要求如表 7-4 所示。

表 7-4 水泥检测结果与技术要求

序号	检测项目		计量单位	技术要求	检测结果
1	细度	80 μm 筛余	%	≤10	
		比表面积	m²/kg	≥300	352
2	标准稠度用水量		%		26.6
3	凝结时间	初凝	min	≥180	184
		终凝	min	≤600	386
4	安定性	雷氏夹法	mm	≤5	2.5
5	胶砂流动度		mm		216
6	抗折强度	3 天	MPa	≥3.5	4.2
		28 天		≥6.5	
7	抗压强度	3 天	MPa	≥17.0	25.8
		28 天		≥42.5	

5) 水

本项目采用符合国家标准的饮用水。当采用其他水源或对水质有疑问时,应对水质进行检验,检验指标应符合《混凝土用水标准》(JGJ 63—2006)的要求。

6) 沥青混合料回收料(RAP)

沥青混合料回收料(RAP)的铣刨单颗粒最大粒径不得大于再生层厚度的 1/3,采用泡沫沥青就地冷再生做下面层时,最大粒径不得超过 26.5 mm。

沥青混合料回收料(RAP)检测结果与技术要求如表 7-5 所示。

表 7-5 RAP 检测结果与技术要求

序号	检测项目	计量单位	技术要求	实测值	试验方法
1	含水率	%	≤3	1.6	JTG E42—2005 T 0305
2	RAP 矿料级配		加热 60 ℃ 干筛实测	表 7-7	JTG E42—2005 T 0302
3	沥青含量	%		4.04	JTG E20—2011 T 0726

7.1.3 泡沫沥青就地冷再生混合料配合比设计

泡沫沥青就地冷再生混合料配合比设计根据生产进程分为方案设计阶段的目标配合比设计、施工阶段的生产配合比设计及生产配合比验证三个阶段。方案设计时完成目标配合比设计,基于混合料设计结果,分析采用泡沫沥青冷再生技术的可行性,为路面结构设计提供再生材料的设计参数。施工开始前完成生产配合比设计,根据现场 RAP、新集料、沥青、水泥等原材料的实际性状,参考目标配合比设计结果,调整材料组成和用量,使冷再生混合料的性能满足设计要求和实际施工条件。生产配合比验证在泡沫沥青就地冷再生施工试验段进行,结合工程实际校核施工配合比。

1) 设计思路

泡沫沥青就地冷再生混合料的级配应符合表 7-6 的级配范围,用于重载交通下面层时选用中粒式级配。同时为了满足本项目重载交通下面层的要求,获得高性能泡沫沥青就地冷再生混合料,本项目级配设计时,采取了以下技术措施:

(1) 根据 RAP 级配、新加料级配和水泥级配确定的合成级配(干筛级配)应满足 0.075 mm 的通过率不低于 4%;

(2) 在保证沥青充分分散的情况下,尽量减少细集料的使用;

(3) 采用骨架密实性级配,使得冷再生混合料具有较高的强度和高温稳定性;

(4) 控制总的沥青含量在 5.0%～6.5% 之间。

表 7-6 泡沫沥青就地冷再生混合料级配范围

筛孔/mm	各筛孔通过率/%		
	粗粒式	中粒式	细粒式
37.5	100	—	—
26.5	85～100	100	—
19	—	85～100	100
13.2	60～85	—	85～100
9.5	—	55～80	—
4.75	30～35	35～60	40～65
2.36	20～40	25～45	28～45
0.3	7～20	8～22	9～23
0.075	4～12	4～12	4～12

2) 材料组成

根据所选的级配范围、RAP 和新骨料的级配,进行级配设计,确定 26.5 mm 以下新骨料的比例,使得合成级配能够达到骨架密实型结构。同时考虑到本项目地处南方多雨地区,为了提高冷再生混合料的水稳定性和早期强度,添加了 1.8% 的 PO42.5 水泥,泡沫沥青就地冷再生混合料级配设计结果如表 7-7 所示。

表 7-7 泡沫沥青就地冷再生混合料级配设计结果

序号	检测项目		计量单位	实测值					规范规定或工程设计级配范围
				铣刨料	碎石	石屑	水泥	合成级配	
1	各筛孔通过百分率	37.5 mm	%	100.0	100.0	100.0	100.0	100.0	—
		31.5 mm	%	100.0	100.0	100.0	100.0	100.0	—
		26.5 mm	%	100.0	100.0	100.0	100.0	100.0	—
		19.0 mm	%	95.5	75.6	100.0	100.0	92.0	—
		16.0 mm	%	91.9	48.2	100.0	100.0	84.2	—
		13.2 mm	%	87.2	21.9	100.0	100.0	75.7	—
		9.5 mm	%	79.0	14.3	99.3	100.0	67.7	55~80
		4.75 mm	%	52.3	1.3	87.4	100.0	44.0	35~60
		2.36 mm	%	41.2	1.3	51.6	100.0	35.1	25~45
		1.18 mm	%	30.1	1.3	35.9	100.0	26.3	—
		0.6 mm	%	21.6	1.3	26.0	100.0	19.4	—
		0.3 mm	%	16.5	1.3	16.6	100.0	15.3	8~22
		0.15 mm	%	9.2	1.3	13.2	100.0	9.4	—
		0.075 mm	%	7.2	1.0	10.6	93.8	7.6	4~12
2	级配组成		%	80.2	18.0	0.0	1.8		
3	集料级配组成试验筛分曲线图								
备注	根据铣刨料和新掺材料的筛分试验结果,按照《公路沥青路面再生技术规范》(JTG/T 5521—2019)表6.4.2中粒式级配设计,推荐以上级配为本项目优选级配方案,实际施工时根据原路面材料的变化及时进行调整。								

3) 性能指标

泡沫沥青就地冷再生混合料性能应满足表 7-8 的规定。

表 7-8 泡沫沥青就地冷再生混合料技术要求

试验项目		技术要求
劈裂试验(15 ℃)	劈裂强度/MPa	≥0.5
	干湿劈裂强度比/%	≥75
马歇尔稳定度	马歇尔稳定度/kN	≥6.0
流值试验(40 ℃)	流值/mm	1.5~2.5
冻融劈裂强度比 TSR/%		≥70
动稳定度(60 ℃)/(次/mm)		≥4 500

4) 最佳发泡条件的确定

按照《公路沥青路面再生技术规范》(JTG/T 5221—2019)附录 C 的方法,对沥青进行发泡试验。选用膨胀率和半衰期作为评价指标,确定沥青的最佳发泡条件。

室内发泡试验使用维特根 WLB10 S 型沥青发泡试验机,并在以下条件下进行发泡试验:

(1) 根据设定的沥青温度通过泵送循环系统对沥青进行加热和保温,沥青保温过程中每 5 min 温度变化不超过 5 ℃。

(2) 发泡喷嘴喷射泡沫沥青的速率约为 100 g/s。

(3) 试验温度变化时对沥青喷射时间进行标定,以保证沥青喷射量在 500 g。

(4) 气压为 0.4 MPa,水压为 0.5 MPa,同时根据沥青流量对用水量进行标定。

试验在室温(20±2) ℃下进行,选择 150 ℃、160 ℃和 170 ℃作为沥青发泡温度,发泡用水量取 2.0%、2.5%和 3.0%(相对于沥青的质量分数,下同),量测其膨胀率与半衰期。由于试验中的各种条件都有可能影响试验结果,使试验的重现性不好,因此为了确保数据的可靠性,每种发泡状态均反复试验 3~5 次,求其平均值。

通过试验可以确定,泡沫沥青的最佳发泡条件为:沥青发泡温度为 160 ℃,发泡用水量为 2.5%,并满足泡沫沥青膨胀率≥10 和半衰期≥8 s 的技术要求,试验结果如表 7-9 和图 7-1 所示。

表 7-9 沥青发泡试验结果

温度/℃	发泡用水量/%	膨胀率	半衰期/s
150	2.0	7.8	9.4
	2.5	8.1	8.6
	3.0	10.6	7.5

续表 7-9

温度/℃	发泡用水量/%	膨胀率	半衰期/s
160	2.0	11.3	13.6
	2.5	12.4	12.3
	3.0	13.6	11.8
170	2.0	13.5	14.8
	2.5	14.5	13.2
	3.0	15.6	11.3

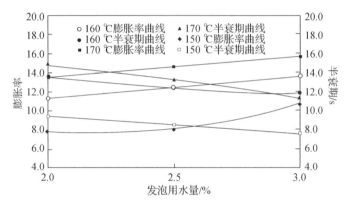

图 7-1 发泡特性曲线

5）最佳含水量的确定

泡沫沥青就地冷再生混合料在拌和时需要加入一定量的水,以保证较好的施工和易性与压实效果。含水量过少,混合料干涩难以压实,而过多的水则会成为颗粒间的润滑剂,降低混合料的强度与稳定性。

本项目采用固定水泥用量1.8%,按照现行《公路工程无机结合料稳定材料试验规程》(JTG E51—2009)中 T 0804 的方法,分别添加 3.6%、4.6%、5.6%、6.5%和 7.3%的含水量,对合成集料(包含水泥,不含泡沫沥青)进行重型击实试验,确定集料最大干密度和最佳含水量。击实试验结果如表 7-10 所示。

表 7-10 合成集料击实试验结果

序号	检测项目	计量单位	第一次试验	第二次试验	平均值
1	最佳含水量	%	5.6	5.8	5.7
2	最大干密度	g/cm³	2.073	2.071	2.072

续表 7-10

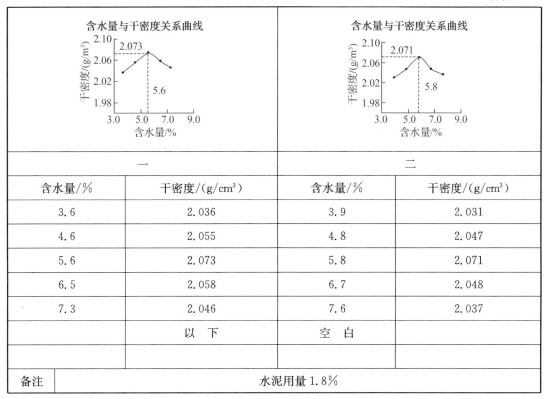

一		二	
含水量/%	干密度/(g/cm³)	含水量/%	干密度/(g/cm³)
3.6	2.036	3.9	2.031
4.6	2.055	4.8	2.047
5.6	2.073	5.8	2.071
6.5	2.058	6.7	2.048
7.3	2.046	7.6	2.037
以 下		空 白	
备注	水泥用量1.8%		

由试验结果可知,开始阶段,随着含水量的增加,干密度明显增大,这是因为铣刨料与新集料表面空隙吸收的水分填充在集料毛细孔之间,增加了细集料之间的黏结,改善了和易性;而随着含水量的增加,除了被集料吸收的水分外,部分集料开始被水分裹覆,压实度下降,使得干密度下降。从图中可以看出,第一次最佳含水量为5.6%,最大干密度为2.073 g/cm³;第二次最佳含水量为5.8%,最大干密度为2.071 g/cm³,最终确定最佳含水量为5.7%,最大干密度为2.072 g/cm³。

6) 最佳泡沫沥青用量的确定

(1) 在最佳含水量下,选择1.5%、2.0%、2.5%和3.0%泡沫沥青用量,采用马歇尔击实方法,制备成型泡沫沥青冷再生混合料试件。马歇尔试件制备和养生方法如下:

① 向拌和机内加入足够的(大约为1 150 g)拌和均匀的含沥青路面回收料(RAP)的混合料。

② 按照计算得到的加水量加水,拌和均匀,拌和时间一般为1 min。

③ 将拌和均匀的混合料装入试模,放到马歇尔击实仪上,双面各击实75次(标准试件)或112次(大型击实试件),从拌和到试件成型时间不宜超过20 min。

④ 将试件连同试模一起侧放在60 ℃的烘箱中养生到恒重,养生时间一般不少于40 h。

⑤ 将试模从烘箱中取出,侧放冷却12 h后脱模。

(2) 将不同泡沫沥青用量试件进行15 ℃劈裂强度试验和浸水24 h劈裂强度试验,或马歇尔稳定度试验和浸水马歇尔稳定度试验。15 ℃劈裂强度试验方法:按现行《公路工程沥青及沥青混合料试验规程》(JTG E20—2011)T 0716,将试件浸泡在15 ℃恒温水中2 h(标准马歇尔试件),然后取出试件立即进行劈裂强度试验;浸水24 h劈裂强度试验方法:将试件完全浸泡在25 ℃恒温水中22 h,按现行《公路工程沥青及沥青混合料试验规程》(JTG E20—2011)T 0716,将试件在15 ℃恒温水中完全浸泡2 h(标准马歇尔试件),然后取出试件立即进行15 ℃劈裂强度试验。

(3) 根据劈裂强度试验和浸水劈裂强度试验结果,选择材料方案中干劈裂强度及湿劈裂强度均最优的作为初选级配。选取初选材料湿劈裂强度最大值所对应的泡沫沥青用量作为泡沫沥青用量的设计值,具体试验结果如图7-2所示。

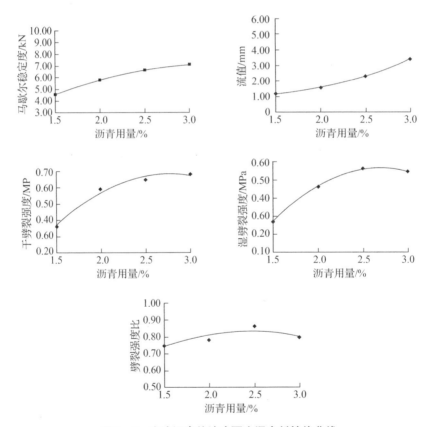

图7-2 泡沫沥青就地冷再生混合料性能曲线

从图中可以看出,15 ℃劈裂强度值随泡沫沥青用量呈现先增大后减小的趋势,而劈裂强度比均随沥青用量的增加而增大,泡沫沥青用量为2.4%时,15 ℃劈裂强度最大,而且干湿劈裂强度均能满足要求,因此将最佳泡沫沥青用量确定为2.4%。

7) 混合料性能验证

(1) 在最佳泡沫沥青用量下,分别进行混合料劈裂试验、马歇尔稳定度试验及冻融劈裂试验。

（2）当再生层作为下面层时，应按 JTG E20—2011 中 T 0719 的方法进行车辙试验，试件养生方法为：试件带模在室温下静置 24 h，然后置于(60±2) ℃的烘箱中，养生 48 h，养生结束后，将试件从烘箱中取出，并冷却至室温。试验结果如表 7-11 所示。

表 7-11　泡沫沥青就地冷再生混合料性能验证试验结果

序号	检测项目	计量单位	技术要求	实测值	试验方法
1	沥青含量	%		2.40	JTG E20—2011 T 0726
2	油石比	%		2.46	
3	马歇尔稳定度	kN	≥6.0	6.53	JTG E20—2011 T 0709
4	流值	mm	1.5~2.5	2.2	JTG E20—2011 T 0709
5	干劈裂强度	MPa	≥0.6	0.64	JTG E20—2011 T 0716
6	湿劈裂强度	MPa		0.55	JTG E20—2011 T 0716
7	干湿劈裂强度比	%	≥80	86	JTG E20—2011 T 0716
8	无侧限抗压强度	MPa	1.0	1.8	JTG E51—2009 T 0805
9	冻融劈裂强度比	%	≥75	81.5	JTG E20—2011 T 0729
10	动稳定度(60 ℃)	次/mm	≥4 500	5 520	JTG E20—2011 T 0719

8）目标配合比设计结果

根据以上试验结果，确定了泡沫沥青就地冷再生工程的目标配合比，具体结果如表 7-12 所示，其中外加水的比例为最佳含水量减去铣刨料和新骨料中的含水量，泡沫沥青和水的用量均为外掺比例。

表 7-12　泡沫沥青就地冷再生目标配合比设计结果

材料种类	铣刨料	碎石	水泥	泡沫沥青	外掺水
最佳掺配比/%	80.2	18	1.8	2.4	5.7

9）生产配合比计算

经试验检测铣刨料的含水量为 1.6%，泡沫沥青就地冷再生混合料的最佳含水量为 5.7%，最大干密度为 2.072 g/cm³，再生层厚度为 10 cm，据此各种材料用量计算如下：

铣刨料：$2.072 \times 0.1 \times 80.2\% \times 1\,000 \approx 166 (kg/m^2)$；

碎石：$2.072 \times 0.1 \times 18\% \times 1\,000 \approx 37.3 (kg/m^2)$；

水泥：$2.072 \times 0.1 \times 1.8\% \times 1\,000 \approx 3.730 (kg/m^2)$；

沥青：$2.072 \times 0.1 \times 2.4\% \times 1\,000 \approx 4.973 (kg/m^2)$；

外加用水量：$2.072 \times 0.1 \times 5.7\% \times 1\,000 - 166 \times 1.6\% - 4.973 \times 2.5\% \approx 9.03 (kg/m^2)$。

其中外加用水量应根据铣刨料含水量的变化进行调整。

10) 生产配合比验证

(1) 生产配合比验证在试验段铺筑阶段进行。

(2) 验证用于正式施工的混合料配合比是否与室内设计的配合比一致,并验证冷再生混合料路用性能是否满足设计要求。

(3) 当生产配合比与室内设计的配合比存在重大偏差时应重新拟定合成级配进行配合比设计。

(4) 生产配合比验证结束后,根据不同的生产工艺确定合理、清晰的生产参数,并为下一步大规模的施工做好准备。

7.1.4 高性能泡沫沥青就地冷再生施工

1) 总体要求

(1) 泡沫沥青就地冷再生施工宜在气温较高时施工,当最低气温低于 10 ℃时,不宜进行施工。

(2) 不应在雨天施工。施工时若遇雨则应采取必要的防雨遮盖措施,保护好已完工的再生层免遭雨淋。

(3) 泡沫沥青应在混合料中充分分散,一旦发现混合料中存在明显的沥青团或沥青丝时,应立即停止生产,查明原因加以解决后方可继续生产。已经生产的存在沥青团或沥青丝的混合料不得使用。

(4) 从添加水泥开始至混合料碾压完成的时间不得超过水泥的初凝时间。

2) 交通管制

(1) 施工期间和养生过程中应申请并实行交通管制,在未开放交通前,严禁车辆通行。

(2) 施工现场设置施工标志、减速标志、严禁超车标志等,以确保安全文明施工。

3) 施工队伍

施工队伍的施工水平是决定冷再生施工是否成功的关键之一,施工队伍包括技术人员、施工工人和操作人员等,因此就地冷再生施工需配备一支熟练的施工队伍以保证优质的工程质量。

(1) 对图纸进行会审,并对相关人员进行施工技术交底。

(2) 施工技术人员控制冷再生混合料的状态,水泥撒布机、再生机、摊铺机和压路机等均应由熟练人员操作。

(3) 技术人员负责现场指挥,协调现场设备之间的衔接,解决施工现场可能会出现的问题,监督、检查施工前的准备、施工质量,负责现场文明施工、交通管制和安全生产等各项管理工作。

(4) 设备操作人员按照预先确定的路线和方案实施操作。

(5) 试验人员负责各项测试工作,现场取样时,选取同一批次的材料并配合路锐公司的检测工作。

(6) 施工工人负责必要的手工作业,分配各自任务,避免在铺设过程中出现问题时不能有效及时地解决,造成现场混乱。

4) 施工步骤

根据路幅宽度和生产配合比,实行半封闭递进式施工,施工步骤如下:施工准备—撒布集料和水泥—冷再生施工—摊铺—碾压—喷洒黏层油—养生—开放交通—罩面。

5) 施工准备

(1) 材料准备

① 沥青、集料和水泥等均应进行检查,符合规定的要求时,方可使用。各材料应备料充足,不得影响施工。

严格控制水泥的撒布量,水泥对提高冷再生混合料的早期强度、水稳定性、高温稳定性等具有积极作用,但是过多会降低混合料的疲劳性能,后期还会出现较多干缩裂缝。

② 集料的级配与含水量在每天施工前均应在料场从各个部位取样分析,为现场施工控制外加水量提供必要的参考数据。

③ 再生过程所用燃油、水、沥青和水泥的运输均应保证及时供应。

(2) 施工机械准备

配置的主要设备和辅助设备如表 7-13 所示。

表 7-13 泡沫沥青就地冷再生施工主要设备

机械设备名称	规格	单位	数量	备注
碎石撒布车	25 t	台	1	
水泥撒布车	25 t	台	1	
就地冷再生机	维特根 3800CR	台	1	
洒水车	8 t	台	1	与再生机软连接
沥青保温油罐车	30 t	台	1	与再生机硬连接
摊铺机	英格素兰 ABG	台	1	
双钢轮振动压路机	13 t	台	1	初压
单钢轮振动压路机	26 t	台	1	复压
胶轮压路机	30 t	台	1	复压
双钢轮振动压路机	13 t	台	1	终压
洒水车	8 t	台	1	养生
自卸车	15 t	台	1	

续表 7-13

机械设备名称	规格	单位	数量	备注
装载机	ZL50	台	1	清理多余的混合料
小型压路机	1 t	台	1	

施工前各种机械、辅助设备和工具等均应齐全、完好,并保证在施工期间一般不发生有碍施工进度和质量的故障,并配备相应的运输机械。

准备洒水车、沥青保温油罐车与就地冷再生机连接的推杆、接头、水管。洒水车与再生机采用软管连接,水用白胶管与再生机连接;沥青保温油罐车采用推杆接挂在再生机上,沥青用黑胶管与再生机连接。

摊铺机:料斗前端焊接挡料铁板。

3800CR 就地冷再生机是集智能化铣刨和再生拌和于一体机的设备,主要技术参数如下:

铣刨再生宽度:3 800 mm;再生深度:0~300 mm;最大功率:708 kW;理论最大产量:800 t/h。

(3) 人员配备

① 管理技术人员 6 人;

② 施工工人 15 人;

③ 操作人员 15 人;

④ 交通协警 15 人。

6) 试验段施工

(1) 段落选取

根据道路结构形式和损坏状况选取试验段,试验段应具有代表性,试验段不宜少于 200 m。本项目试验段选在 K1356+600~K1356+800 段,长 200 m。

(2) 确定试验段参数

通过试验段的铺筑,确定以下主要事项:

① 确定沥青路面泡沫沥青就地冷再生的标准施工工序,每一个作业面的再生长度;根据实际情况,作业面的再生长度按 200 m 连续作业施工,每天施工单幅(3.8 m 宽)约 1 km 左右。

② 确定再生机行进速度和转子速度,并检验再生深度是否达到设计要求;再生机行进速度为 5 m/min,转子速度为 110 r/min,再生深度为 10 cm。

③ 不同压实组合下的压实度和每一碾压作业的合适长度;确定压路机的碾压工艺及碾压遍数。

④ 验证用于正式施工的混合料配合比是否与室内设计配合比一致;配合比一致,但最

大干密度修正为 2.170 g/cm³,检测压实度的标准。

⑤ 验证冷再生混合料的路用性能是否满足设计要求。

⑥ 确定施工组织和交通管制。

7) 施工工艺

G107 国道京港线江夏段(K1356+600~K1362+200)泡沫沥青就地冷再生下面层施工,从 2020 年 10 月 29 日开始至 2020 年 11 月 9 日完成,历时 12 天,其中 2 天下雨未施工,施工气候条件满足要求。

8) 清理路面

就地冷再生施工之前必须对路表面进行清扫,保持路表层干净、平整。

9) 施工放样

按照施工要求,利用石灰施画再生边缘线或在道路两侧设置标桩(杆)作为基线。

10) 撒布新集料

集料应保持干燥,宜采用撒布车撒布,集料撒布量应该现场标定或局部总量控制。无条件时也可以采取人工撒布,但人工撒布应事先在路面上用石灰粉打格,宜按照每 100~300 m² 面积进行总量控制,撒布厚度应均匀。

11) 撒布水泥

采用撒布车撒布,水泥撒布量应该现场标定或局部总量控制。图 7-3 展示了水泥撒布车撒布水泥的过程。水泥撒布车一般宽 2.5 m,再生宽度为 3.8 m 或 4.5 m 时,撒布车将要撒布的车道换算成相应宽度的水泥用量。水泥撒布要求在纵断面上均匀分布,但横断面可以不全部覆盖,因为再生机在铣刨拌和时混合料会向中间传送带位置收拢。水泥撒布一旦完成,除了再生机以外,其他车辆一律不得进入施工区域。

图 7-3 水泥撒布车撒布水泥

12) 再生作业

G107 国道京港线泡沫沥青冷再生下面层施工桩号 K1356+600~K1362+200,长 5.6 km,

路面宽 12 m,一次再生宽度 3.8 m,再生路面总宽度 3.8 m×3=11.4 m。按三次(三幅)施工,先施工左右两幅,再施工中间。

(1) 在施工起点处将再生机组顺次首尾相接,并连接相应管路。

(2) 按照设定再生深度(10 cm)对路面进行铣刨、拌和。再生机组必须缓慢、均匀、连续地进行再生作业,不得随意变更速度或者中途停顿,再生施工速度取决于再生机、再生材料类型和再生深度,宜为 4~6 m/min,控制在 5 m/min 左右。

(3) 应至少每隔 200 m 检测和记录再生机的工作速度,以确保再生机保持一定的生产效率和良好的再生效果。

(4) 在直线和不设超高的平曲线路段,再生机应首先沿着路幅的外侧开始,然后逐渐向路幅内侧施工;在设超高的平曲线路段,再生机应首先沿着路幅的内侧开始,然后逐渐向路幅外侧施工。

(5) 图 7-4 展示了再生机组的施工过程。应在再生路上用滑石粉画线或在作业面边缘上固定导向线作为再生机的方向引导,以保证再生机沿着正确的方向前进。再生机下切深度在遇到特殊情况需要调整时,应缓慢调整(一次调高在 3 mm 以内),避免出现明显错台现象,以及后续摊铺机摊铺时出现高差。

图 7-4 再生机组施工

(6) 应安排专人(技术人员)跟在再生机后面连续观测冷再生混合料的均匀性,并随时检查再生厚度,一旦发现沥青出现条状或结团现象,应调整发泡用水量,观察拉丝现象是否有所减轻,若没有变化,应立即停止施工。

(7) 应安排专人(施工工人)处理边线外及再生机起始位置的余料,余料应予以废弃。

图 7-5 为再生机组施工俯瞰图。

图 7-5　再生机组施工俯瞰图

13) 摊铺

(1) 摊铺施工时应注意控制好横坡度和厚度,采用平衡梁引导方式控制摊铺平整度和厚度。

(2) 在摊铺过程中,应合理选择熨平板的振幅和夯锤振动频率。一般情况下,冷再生混合料摊铺宜采用夯锤振动频率大于熨平板振幅的方式,以提高冷再生混合料的初始压实度。熨平板加宽铰接处的缝隙应仔细调紧密,以防止摊铺后路表面留有痕迹。

(3) 摊铺机在摊铺过程中,一定要控制好料位传感器的高度,使储料箱中螺旋送料器始终埋入冷再生混合料不小于 3/4 的高度,以减小在摊铺过程中冷再生混合料的离析。当用人工摊铺或找平时,采用扣锹法,不宜采用平甩法,边摊铺边补平,手用力轻重要一致,避免造成冷再生混合料人为离析。

(4) 摊铺机熨平板必须拼接紧密,不许存在缝隙,以防止卡料将油面拉出条痕。

(5) 摊铺机在安装、操作时应采取降低布料器前挡板的离地高度等混合料防离析措施,在摊铺机后面应设专人消除离析现象,铲除局部粗集料集中部位,并用新拌和混合料填补。

(6) 摊铺应均匀、连续,速度控制在 2~4 m/min。应避免明显离析、波浪、裂痕、拖痕等现象。

(7) 冷再生混合料的松铺系数应根据试验段确定,一般在 1.2~1.4 之间,经测量松铺系数为 1.35(摊铺机未预压)。

(8) 摊铺后,质检员及时用 3 m 直尺检测平整度,尤其是摊铺机启停位置的平整度,不符合要求时及时用人工整平。

(9) 摊铺过程中应随时检查摊铺厚度、路拱和横坡度,发现问题及时调整。

(10) 纵向接缝处用人工推耙进行收料,以保证压路机碾压时不会高出已碾好的路面。

图 7-6 为冷再生混合料摊铺现场示意图。

图 7-6 冷再生混合料的摊铺

14) 压实

(1) 冷再生混合料宜在最佳含水量情况下碾压,以避免出现弹簧、松散、起皮等现象。碾压过程中冷再生层表面应始终保持湿润,如水分蒸发过快,应及时洒水补充,但水量不宜过大。

(2) 压实工艺流程

① 初压:13 t 双钢轮压路机压实 1~3 遍,碾压速度为 1.5~3 km/h;第一遍采用前进静压方式,其他采用振动碾压,从道路外侧向道路中心碾压。

② 复压:26 t 单钢轮压路机振动压实 3~5 遍,碾压速度为 2~4 km/h;30 t 胶轮压路机静压揉搓 4~6 遍,碾压速度为 2~4 km/h。

③ 终压:13 t 双钢轮压路机静压 1~2 遍收光,碾压速度为 2~4 km/h。

图 7-7 为冷再生混合料压实现场示意图。

图 7-7 冷再生混合料的压实

(3) 为避免碾压时混合料推挤产生拥包,碾压时应将驱动轮朝向摊铺机,从外侧向中心碾压,在超高段则由低向高碾压,在坡道上则应将驱动轮从低处向高处碾压。

(4) 道路边缘没有支挡时,可在边缘先预留出 30～40 cm 宽,待压完第一遍后,将压路机大部分置于已碾压过的混合料路面上再碾压边缘。

(5) 摊铺的冷再生混合料在碾压完成后,至少 2 h 内不允许任何车辆通行,以保证有足够的养生时间,避免车辆行驶造成再生层表面松散。

(6) 对大型机具无法压实的局部部位,应选用小型振动压路机碾压。

(7) 有条件的可以采用振荡压路机压实,振荡压路机是振动与搓揉相结合的压实方法。这种搓揉作用能防止表面开裂,并使压实表面更加光整、致密,提高了表面层防水渗透能力。由于振荡压实过程进展平缓而无冲击,因此不易压碎骨料,能防止面层振松。

15) 接缝

(1) 纵向接缝

① 相邻两个再生幅面应具有一定的搭接宽度。第一个再生作业的宽度应与铣刨宽度一致,所有后续有效再生幅面的纵向搭接宽度为 5～10 cm。通常再生层越厚,搭接宽度越大;材料最大粒径越大,搭接宽度越大。

② 再生机应准确地沿预先设置的铣刨指引线前行。若偏差超过 10 cm,则应立即倒退至开始出现偏差的地方,然后沿着正确的铣刨指引线重新施工(无须再加水和水泥)。当搭接宽度超过再生机喷嘴的有效喷洒宽度时,后续施工应当关闭若干喷洒嘴,以保证重叠区没有多余的沥青和水。

③ 纵向接缝的位置应避开快、慢车道上车辆行驶轮迹处。

④ 纵缝碾压,应当以 1/2 轮宽进行跨缝碾压以消除缝迹。当分成两个半幅形成纵向接缝时,应先在已压路面上行车,然后碾压新铺层 10～15 cm,随后将压实轮伸过已压实面的 10～15 cm 压实。

⑤ 多幅再生时,应严格控制纵向搭接处的厚度,以免出现高差,造成碾压无法消除接缝。多幅施工靠近已铺好路面,摊铺机采用滑靴模式控制。

(2) 横向接缝

① 当一个工作日结束,两个相连作业段连接或再生途中更换罐车或其他情况造成停机均会形成横向接缝。重新作业开始前整个再生机组应后退至已再生路段至少 1.5 m 的距离,以保证接缝宽度上混合料得到处理。对于超过水泥初凝的路段,在接缝处应重新撒布水泥,但不用撒布碎石及喷洒泡沫沥青。

② 碾压横缝时,在已成型路幅上横向行车,碾压新层 10～15 cm,每碾压一遍向新铺混合料移动 15～20 cm,直至全部碾压在新铺层上为止,然后再改为纵向碾压,将接缝充分压实紧密。

③ 每天施工缝宜采用垂直直接缝,用 3 m 直尺检测平整度,人工将端部厚度不足和存

在质量缺陷的部分凿除,以便下次连接成直角接缝。

16)养生及开放交通

(1)在封闭交通的情况下养生时,可进行自然养生,一般无须采取措施。

(2)在开放交通的情况下养生时,再生层在完成碾压至少 1 天后,方可开放交通,但应严格限制重型车辆通行,行车速度应控制在 40 km/h 以内,并严禁车辆在再生层上掉头和急刹车。

(3)为避免开放交通后车轮对再生层表层造成破坏,应在再生层上均匀喷洒慢裂乳化沥青(稀释至 30%左右的有效含量),喷洒用量折合沥青后宜为 0.05～0.5 kg/m^2,破乳后(约 2 h)即可开放交通。通车 5 天后取芯样检测,芯样完整密实,干劈裂强度达到 0.6 MPa,满足规范要求,可进行进一步研究。

(4)当再生层使用直径为 150 mm 钻头的钻芯机可取出完整芯样或再生层含水率低于 2%时,可结束养生。

7.1.5 施工质量控制和检查验收

1)总体要求

(1)应建立质量保证体系,对施工各工序的质量进行检查。

(2)进场材料必须按批次进行检测,不合格材料杜绝进场。

(3)应加强施工过程质量控制,实行动态质量管理。

2)施工过程中质量控制

(1)施工过程中原材料按照表 7-14 的要求进行检查。

表 7-14 原材料检查项目、频率和要求

材料名称	检查项目	质量要求	检查频率	检查方法
RAP	含水率	实测	配合比发生变化,施工中设备变更时	JTG E42—2005 T 0305
	级配	实测	每 5 000 m^2 测一个样品	JTG E42—2005 T 0302
	材料组成	实测	路面结构铣刨深度、速度发生变化时	JTG E20—2011 T 0726

续表 7-14

材料名称	检查项目	质量要求	检验频率	检验方法
新集料	针片状含量	符合设计要求	观察异常时随时试验	JTG E42—2005 T 0312
	含水率	符合设计要求	观察异常时随时试验	JTG E42—2005 T 0305
	级配	符合设计要求	施工前,每 2 000 m² 抽检一次	JTG E42—2005 T 0302
	压碎值	符合设计要求	观察异常时随时试验	JTG E42—2005 T 0316
	≤0.075 mm 含量	符合设计要求	观察异常时随时试验	JTG E42—2005 T 0327
沥青	针入度	符合设计要求	施工前,每 2 000 m² 抽检一次	JTG E20—2011 T 0604
	软化点	符合设计要求	施工前,每 2 000 m² 抽检一次	JTG E20—2011 T 0606
	延度	符合设计要求	施工前,每 2 000 m² 抽检一次	JTG E20—2011 T 0605
	发泡效果	符合设计要求	每天开机前,异常时随时试验	再生设备上测试
	发泡温度	符合设计要求	每天开机前,异常时随时试验	温度计测试
	发泡用水量	符合设计要求	每天开机前,异常时随时试验	再生设备上测试
水泥	强度	符合设计要求	每 50 t 抽检一次	JTG E30—2005 T 0506
	凝结时间	符合设计要求	每 50 t 抽检一次	JTG E30—2005 T 0505
	安定性	符合设计要求	每 50 t 抽检一次	JTG E30—2005 T 0505

(2) 施工过程中冷再生混合料按照表 7-15 的要求进行检查。

表 7-15 冷再生混合料检查项目、频率和要求

检查项目		质量要求	检查频率	检查方法
压实度/%		≥98(一级公路)	每 200 m 检查一次	JTG 3450—2019 T 0921
		≥97(其他公路)	每 200 m 检查一次	
劈裂强度 (15 ℃)	干劈裂强度/MPa	符合设计要求	每 5 km 或料源变化时检查一次	JTG E20—2011 T 0716
	干湿劈裂强度比/%	符合设计要求	每 5 km 或料源变化时检查一次	
马歇尔稳定度 (40 ℃)	马歇尔稳定度/kN	符合设计要求	每 5 km 或料层变化时检查一次	JTG E20—2011 T 0709
	浸水马歇尔残留稳定度/%	符合设计要求		JTG E20—2011 T 0709

续表 7-15

检查项目	质量要求	检查频率	检查方法
冻融劈裂强度比/%	符合设计要求	每 5 km 或料层变化时检查一次	JTG E20—2011 T 0729
动稳定度/(次/mm)	符合设计要求	每 5 km 或料层变化时检查一次	JTG E20—2011 T 0719
混合料级配	符合设计要求	每个工作日检查一次	JTG E42—2005 T 0302
含水率/%	符合设计要求	每个工作日检查一次	JTG E51—2009 T 0801
泡沫沥青用量/%	符合设计要求	每个工作日检查一次	总量控制
水泥用量/%	符合设计要求	每个工作日检查一次	总量控制

（3）施工过程中冷再生设备应按照表 7-16 的要求进行检查。

表 7-16 冷再生设备检查项目、频率和要求

检查项目	要求	检查频率	检查方法
铣刨系统	工作正常	每个工作面施工前	目测
喷洒系统	检查沥青、水喷洒系统是否正常	随时	试喷
铣刨速度	满足设计要求	随时	相关仪表
铣刨深度	满足设计要求	每 40 m	相关仪表

（4）施工过程中冷再生层外形尺寸应按照表 7-17 的要求进行检查。

表 7-17 冷再生层外形尺寸检查项目、频率和要求

检查项目	质量要求		检查频率	检查方法
	一级公路	二级及以下公路		
平整度最大间隙/mm	6（下面层）	8（下面层）	每个接缝处	JTG 3450—2019 T 0931
厚度/mm	设计厚度-8%	设计厚度-15%	随时	插入测量
纵断高程/mm	±10	±10	每个断面	JTG 3450—2019 T 0911
宽度/mm	不小于设计宽度，边缘整齐		每个断面	JTG 3450—2019 T 0911
横坡度/%	±0.3	±0.4	每个断面	JTG 3450—2019 T 0911
外观	表面平整密实，无浮石、弹簧现象，无明显轮迹		随时	目测

3）质量控制措施

（1）试验人员按班组检测 RAP、水泥、集料、沥青的质量。

(2)再生后必须由试验人员检测水泥用量、沥青用量和含水量,不合格的段落进行返工处理。

(3)施工过程如有弹簧等现象,应立即采取应急方案或挖开晾晒,然后回填压实。

(4)现场专人指挥车辆,车辆不要在再生路段掉头和急刹车,否则使再生施工时间过长造成含水量损失过大。

(5)严禁压路机在已经完成的或正在碾压的再生路段上掉头和急刹车,以保证表面层不受破坏。

(6)终压收光到无明显轮迹,确保平整度、横坡度符合要求。

(7)施工和养生期间禁止一切车辆通行。

4)交工检查与验收

交工时检查与验收应符合表7-18的规定。

表7-18 交工检查与验收标准

检查项目		质量要求		检查频率	检查方法
		一级公路	二级及以下公路		
压实度/%	代表值	≥98	≥97	每车道200 m检测	JTG 3450—2019 T 0924
平整度最大间隙/mm		6	8	每个接缝处	JTG 3450—2019 T 0931
平整度标准差/mm		1.2	2.5	连续测量	JTG 3450—2019 T 0932
厚度/mm	代表值	设计厚度−5%	设计厚度−8%	每200 m每车道1点	JTG 3450—2019 T 0912
	极值	设计厚度−8%	设计厚度−15%		JTG 3450—2019 T 0912
纵断高程/mm		±10	±10	每车道50 m 1点	JTG 3450—2019 T 0911
宽度/mm		不小于设计宽度,边缘整齐		每车道50 m 1点	JTG 3450—2019 T 0911
横坡度/%		±0.3	±0.4	每车道50 m 1点	JTG 3450—2019 T 0911
外观		表面平整密实,无浮石、弹簧现象,无明显轮迹		随时	目测
渗水系数		不大于200 mL/min		1 km不小于5点	JTG 3450—2019 T 0971

7.1.6 文明安全施工

(1)结合实际情况制定文明施工和安全管理制度,每天定时对需要洒水地段洒水,做到无扬尘、无污染。

（2）将施工过程中产生的垃圾及废料及时清运到指定地点，保证施工现场整齐、干净、卫生。

（3）对机械操作手进行岗前培训并进行安全技术交底，加强规范施工及文明施工意识，责任到人，并制定奖罚制度。

（4）各种机械必须由专职司机操作，司机在培训合格领取上岗证后方可操作机械，严禁无证上岗。

（5）施工现场设置各类标牌，各类公告牌、标志牌内容齐全、式样规范、位置醒目。

（6）施工现场设置相关的安全警示牌，包括警告标志、安全警示标志、指路标等。

7.1.7 试验检测结果

1) 原材料检测结果

原材料检测结果如表7-19所示，经评定均符合相关技术要求。

表7-19 原材料检测结果

原材料名称	序号	检测项目		计量单位	技术要求	实测值	评定结果
RAP	1	含水率		%	≤3	2.0	合格
	2	最大颗粒粒径		mm	≤26.5	26.5	合格
	3	针片状颗粒含量		%	≤15	8.3	合格
RAP中沥青	1	RAP中沥青25℃针入度		mm	≥10	16	合格
	2	沥青含量		%		4.04	合格
碎石	1	表观相对密度			≥2.45	2.710	合格
	2	吸水率		%	≤3	0.6	合格
	3	针片状颗粒含量		%	≤20	13.6	合格
	4	压碎值		%	≤30	25.3	合格
	5	软石含量		%	≤5	2.4	合格
沥青	1	针入度(25℃,100 g,5 s)		0.1 mm	60～80	73	合格
	2	延度(15℃,5 cm/min)		cm	≥100	>100	合格
	3	软化点(环球法)		℃	≥46	48	合格
	4	溶解度		%	99.5	99.88	合格
	5	闪点		℃	≥260	296	合格
	6	薄膜加热试验	质量变化	%	不大于±0.8	−0.02	合格
	7		残留针入度(25℃,100 g,5 s)	0.1 mm		46.4	
	8		残留针入度比	%	≥61	66.2	合格
	9		残留延度(10℃)	cm	≥6	7.2	合格

续表 7-19

原材料名称	序号	检测项目		计量单位	技术要求	实测值	评定结果
水泥	1	细度	80 μm 筛余	%	≤10		
			比表面积	m²/kg	≥300	365	合格
	2	标准稠度用水量		%		26.8	
	3	凝结时间	初凝	min	≥180	190	合格
			终凝	min	≤600	385	合格
	4	安定性	雷氏夹法	mm	≤5	1.5	合格
	5	胶砂流动度		mm		198	
	6	抗折强度	3 天	MPa	≥3.5	4.1	合格
			28 天		≥6.5		
	7	抗压强度	3 天	MPa	≥17.0	25.4	合格
			28 天		≥42.5		

2) 冷再生混合料及冷再生层检测结果

冷再生混合料及冷再生层检测结果如表 7-20 所示，经评定均符合相关技术要求。

表 7-20 冷再生混合料及冷再生层检测结果

序号	检测项目	设计值（规定值）	检测点数	合格点数	合格率	代表值（平均值）	评定结果
1	外观		20	20	100%		合格
2	级配		10	10	100%		合格
3	油石比	(6.88±0.3)%	10	10	100%	6.73%	合格
4	平整度(3 m 直尺)接缝处	≤5 mm	910	910	100%	3.2 mm	合格
5	厚度(插入测量)	−15 mm	200	200	100%	98 mm	合格
6	马歇尔稳定度	≥6 kN	10	10	100%	9.97 kN	合格
7	流值	1.5~2.5 mm	10	10	100%	2.1 mm	合格
8	压实度	≥99%	103	103	100%	99%	合格
9	无侧限抗压强度	≥1.5 MPa	10	10	100%	2.2 MPa	合格
10	干劈裂强度	≥0.6 MPa	10	10	100%	0.63 MPa	合格
11	干湿劈裂强度比	≥80%	10	10	100%	81%	合格
12	动稳定度	≥4 500 次/mm	2	2	100%	5 200 次/mm	合格

3) 冷再生层交工验收检测结果

冷再生层交工验收检测结果如表 7-21 所示，经评定均符合相关技术要求。

表 7-21 冷再生层交工验收检测结果

序号	检验项目	设计值（规定值）	检测点数	合格点数	合格率	代表值（平均值）	评定结果
1	外观	平整密实	100	100	100%		合格
2	平整度（连续式平整度仪）	≤2.5 mm	100	100	100%	0.8 mm	合格
3	芯样完整性	−15 mm	52	52	100%		合格
4	厚度（钻芯法）	≥99 mm	52	52	100%	100 mm	合格
5	抗压强度	≥1.5 MPa	10	10	100%	2.2 MPa	合格
6	宽度	1 200 cm	100	100	100%	1 204 cm	合格
7	纵断高程	±10 mm	50	50	100%		合格
8	横坡度	(1.5±0.3)%	50	50	100%	1.5%	合格
9	渗水系数	≤200 mL/min	25	25	100%	160 mL/min	合格

7.1.8 经济效益分析

泡沫沥青就地冷再生比乳化沥青厂拌冷再生少 26.65 元/m²，节省 28%，按 12 m 宽路面 1 km 节约成本 31.98 万元；泡沫沥青就地冷再生比直接挖除后重新罩面少 50.77 元/m²，节省 42%，按 12 m 宽路面 1 km 节约成本 60.92 万元。综上所述，直接挖除后重新罩面造价最高，泡沫沥青就地冷再生造价最低。

7.1.9 工程应用总结

传统的道路维修改造方法有翻挖、铣刨后再摊铺新料，也有在旧路面上直接加铺新料。尽管这两种方法简单，适用范围广，且施工机械很多单位都具备，但是通过本项目具体应用实践，无论是从技术经济的角度，还是从社会效益的角度，与传统维修方法相比，泡沫沥青就地冷再生工艺具有以下优点：

(1) 100% 就地冷再生 6~25 cm 厚的沥青混凝土层，最大限度地利用旧路面沥青材料，能够节约大量的沥青和砂石材料，节省工程投资，既保护自然资源又节约成本，与常规铣刨罩面相比，高性能泡沫沥青就地冷再生节约造价 42%，具有非常可观的经济社会效益。

(2) 采用摊铺机进行材料输送，材料的不均匀性得以消除，再生层的厚度控制更加精确，平整度更优。

(3) 采用铣刨毂，且采用下切模式再生，铣刨料级配更优，可减少新加集料的用量。

(4) 由于省去旧路面结构层的挖除、清理、运输和回填等工序，因此直接就地冷再生施工简便、工期缩短。

(5) 由于保持路面结构的完整性并且不损坏基层，因此有效地提高了基层承载力，改善了公路维修质量。

(6) 再生宽度可达 3.8 m，一次性无缝再生一个车道，保证一个车道的连续施工，还可以采用半幅施工，半幅开放交通。在大交通情况下，施工完毕 2 h 后可开放交通，避免发生交通中断状况。

7.2 泡沫沥青厂拌冷再生工程应用

7.2.1 项目概况

S101 省道（合相路）是连通合肥市肥东县和淮北市相山区的一条省道，路线呈南北走向，是沟通合肥、蚌埠、宿州、淮北等地的重要交通干线。本次 S101（合相路）大修路段位于肥东县，共分 3 段，分别为 K1+980～K5+000、K19+000～K20+000、K36+000～K37+500，共计 5.52 km。该路段位于淮北平原南端，属北亚热带湿润季风气候区，主要气候特点是季风明显、四季分明、夏季高温、雨量充沛、光照充足。

因该路段为过境交通要道，来往车流量大，重载超载车辆多，且夏季降雨量集中，导致路面出现大量车辙、裂缝和坑槽等病害，已不能适应"快速、舒适、畅通和安全"的现代交通需求。为改善道路服务水平，提高通行能力，方便沿线居民生产和生活，带动地方经济发展，需对该路段进行维修养护。

7.2.2 道路现状调查

1) 原道路技术指标

原道路为二级公路，设计速度为 60 km/h，道路平面和纵断面设计均满足规范要求。原道路路基宽度为 17 m，路面宽度为 14 m，为双向两车道。原路面结构为：4 cm AC-13 沥青混凝土上面层+6 cm AC-20 沥青混凝土下面层+36 cm 水泥稳定碎石基层+20 cm 低剂量水泥稳定碎石底基层。

2) 路面现状调查及病害成因简析

项目路段自建成投入使用至今已超过 15 年，长期在重载车辆及雨水作用下出现了不同程度的病害，通过对本次项目路段的详细勘测调查发现，该路段路面已出现各种病害，主要以车辙、裂缝、坑槽为主，典型病害如图 7-8 所示。

通过对现有交通量和降雨特点的调查，同时结合路面典型病害可知，导致该路段发生车辙病害的原因是：该路段为交通量高、大型货车占比高、超限轴载占比高的"三高"公路，在繁重交通和夏季高温作用下，路面易因混合料高温抗剪切性能不足发生车辙病害。该路段夏季降雨量集中，大暴雨和特大暴雨频发，路面常出现积水现象，在重载车辆反复作用下导致坑槽等病害发生。同时，该路段为交通要道，工程车辆运输砂石时将砂石抛洒至路面且未及时清理,在车轮作用下造成路面磨损严重。

(a) 车辙病害

(b) 坑槽

图 7-8 路面典型病害

3) 技术状况指标评定

对该路段路面的使用性能进行检测,以 1 km 为一个评定单元,参照《公路技术状况评定标准》(JTG 5210—2018),从路面损坏、路面平整度、路面车辙、路面抗滑性能、路面结构强度、路面跳车和路面磨耗七个方面对路面技术状况进行综合评定,每个评定单元的最终评定结果如表 7-22 所示。该路段 6 个评定单元的路面技术状况评定指数 PQI 均较差,均划分为"次级"。因此,日常养护和保养小修已不能有效改善路面的使用性能,应采取中大修方案。

表 7-22 项目路段路面技术状况评定结果

桩号	路面技术状况评定指数 PQI	路面技术状况评定等级
K1+980~K3+000	68.94	次
K3+000~K4+000	69.39	次
K4+000~K5+000	69.54	次
K19+000~K20+000	65.65	次
K36+000~K37+000	67.56	次
K37+000~K37+500	64.77	次

7.2.3 维修养护方案

通过对项目路段的病害调查和原因分析,确定该路段主要为沥青混凝土面层发生损坏,水泥稳定碎石基层受损害程度小。因此,从环保、节约资源和发展新技术的角度出发,通过方案比选,最终确定对原沥青混凝土路面的面层进行铣刨,并采用泡沫沥青厂拌冷再生技术进行再生处理,将再生层作为新路面的下面层使用。最终确定的维修前后路面结构层组合方案,如表 7-23 所示。

表 7‑23 维修养护方案

原路面结构层	处理方案	加铺方案
—	—	4 cm AC-13 沥青混凝土上面层 6 cm AC-20 沥青混凝土下面层
4 cm AC-13 沥青混凝土上面层 6 cm AC-20 沥青混凝土下面层	铣刨 10 cm 原路面面层	10 cm 泡沫沥青厂拌冷再生层
36 cm 水泥稳定碎石基层	—	—
20 cm 低剂量水泥稳定碎石底基层	—	—

7.2.4 配合比设计及施工工艺

1) 配合比设计

按照《公路沥青路面再生技术规范》(JTG/T5521—2019)的规定和目标配合比设计结果,在工地实验室开展原材料性能试验、沥青发泡试验、RAP 筛分试验、击实试验、干湿劈裂强度试验和马歇尔稳定度试验等,最终确定的施工配合比设计结果如表 7‑24 所示。

表 7‑24 施工配合比设计结果

项目	矿料配比/%			最大干密度/ (g/cm^3)	最佳含水量 /%	拌和用水量 /%	泡沫沥青用量 /%
	RAP	新集料	水泥				
结果	82	16.2	1.8	2.091	7.0	5.6	2.4

2) 施工工艺

泡沫沥青厂拌冷再生是指将旧沥青混凝土路面进行铣刨、回收、破损和筛分后,掺加泡沫沥青、水泥、新集料和水等材料重新拌和成满足一定力学性能要求的混合料,经现场摊铺压实后,能充当路面结构层的技术。因此,针对泡沫沥青厂拌冷再生施工,从施工的准备工作、再生料的拌和与运输、摊铺、碾压和养生等环节对施工工艺进行论述。

(1) 准备工作

需先对 RAP 和新集料的存放场地地面进行硬化处理,搭建防雨棚罩,设置排水系统,避免材料受到雨水浸泡。为减少材料在堆放过程中发生离析,应采用推土机按批次逐层整齐堆放,堆放高度不高于 3 m。不同规格材料应分区域堆放,各区域间应修筑 1.5 m 高的隔墙,以确保材料不混合。水泥应密封灌装,防止受潮。沥青储存在带加热系统的储罐中,施工前控制温度为 140~150 ℃。为提高 RAP 的质量,铣刨前应对原路面进行清扫。原路面铣刨后,需对下承层(水泥稳定碎石基层)的质量进行检查,对存在问题的下承层进行针对性处理。确定现场施工质量控制指标,准备好各类施工器械的设备型号和数量。铣刨过程和铣刨后路况如图 7‑9 所示。

图 7-9　面层铣刨过程和铣刨后路况

（2）拌和与运输

此次工程采用德国维特根 KMA220 移动拌和设备生产泡沫沥青厂拌冷再生混合料，拌和方式采取连续式拌和。生产过程中应选派专业技术人员负责检查材料的供应情况、沥青发泡温度、用水量及集料配比是否满足设计要求。为避免冷再生混合料发生离析现象，利用传送带向运输车辆装料时应避免出现"山峰"状料堆，需多次移动传送带，同时应适当增加运输车辆，以避免混合料在堆放场地发生离析。在生产拌和过程中，应结合现场天气情况调整拌和用水量，以弥补因天气炎热导致运输过程中水分的挥发，同时，应避免运输车辆过重而导致下承层遭受破坏。泡沫沥青厂拌冷再生混合料生产现场如图 7-10 所示。

图 7-10　泡沫沥青厂拌冷再生混合料生产现场情况

图 7-11　运输车与摊铺机协作现场

（3）摊铺和碾压

为确保摊铺的连续性，应确保摊铺机前有 5 辆运输车等待卸料，运输车与摊铺机协作现场如图 7-11 所示。选择 2 台摊铺机前后错开 10~20 m 进行摊铺，两幅间应确保有 5 cm 以上的搭接宽度；摊铺速度应控制在 1.5~2.5 m/min，摊铺过程应保持均匀、缓慢和连续；同时应在摊铺机上加装橡胶皮挡板防止混合料离析，摊铺过程如图 7-12 所示。采取初压、复压和终压的组合碾压方式进行压实，压路机起步和制动过程应慢速，并注意表面干湿状态，做好随时洒水准备，压实过程如图 7-13 所示。

第七章 泡沫沥青冷再生工程应用

图 7‑12 现场摊铺情况

图 7‑13 现场压实情况

（4）再生路面养生

泡沫沥青冷再生层在加铺上层结构前应进行养生，以保证再生层接近干燥状态和强度达到要求。当养生时段最低气温在 20 ℃以上时，再生层完成压实 1 天后即可边通车边养生；当最低气温在 20 ℃以下或遭降雨时，应封闭交通养生。当再生层可取出完整芯样或含水率低于 2.0%时，可以结束养生。

7.2.5 施工质量检测

1）泡沫沥青厂拌冷再生混合料的质量检测

为检验运输至现场的泡沫沥青厂拌冷再生混合料的质量，以指导后续工作，对运送至现场摊铺的混合料进行取样，并在工地实验室开展混合料各项物理力学性能检测，检测结果如表 7‑25 所示。由表 7‑25 可知，施工使用的泡沫沥青厂拌冷再生混合料各项力学性能指标均满足规范要求，其中动稳定度和劈裂强度比值均远满足设计和规范对重载公路的要求，充分表明泡沫沥青厂拌冷再生混合料具有较好的高温稳定性和抗水损坏性能，适合用于多雨重载公路下面层。

表 7-25 混合料物理力学性能检测结果

检测项目	计量单位	技术要求(重载)	实测结果	评定
含水率	%		7.1	
最大干密度	g/cm³		2.077	
干劈裂强度(15 ℃)	MPa	≥0.50	0.67	合格
湿劈裂强度(15 ℃)	MPa		0.55	
ITSR		≥80	82	合格
马歇尔稳定度(60 ℃)	kN	≥5.0	13.72	合格
流值	mm	1.5～3.0	2.7	合格
动稳定度(60 ℃)	次/mm	5 000	8 467	合格
无侧限抗压强度	MPa	1.6MPa	2.28	合格

2)再生层施工质量检测

对再生层的压实度、弯沉、厚度和芯样完整性进行检测,以评价再生层施工质量,试验现场如图 7-14 所示,检测结果如表 7-26 至表 7-29 所示。由检测结果可知,该路段冷再生层的压实度和弯沉均满足设计要求;由取芯结果可知,再生层厚度满足设计厚度要求。随着龄期的增长,弯沉代表值降低,弯沉数据稳定,芯样完整性和切面光滑性有明显提高,冷再生层强度逐步提高,养生 7 天后所取芯样均完整,可结束养生铺筑上面层。

(a) 压实度检测

(b) 弯沉检测

(c) 钻取芯样

图 7-14 再生层现场检测试验

表 7-26 再生层压实度检测结果

桩号	湿密度/(g/cm³)	含水率/%	干密度/(g/cm³)	最大干密度/(g/cm³)	压实度/%
K19+025	2.332	7.1	2.059	2.077	99.1
K19+085	2.353	7.1	2.064		99.4

第七章 泡沫沥青冷再生工程应用

表 7－27 再生层弯沉检测结果

层位	龄期/天	测点数	弯沉均值/0.01 mm	标准差	弯沉代表值/0.01 mm
再生层	3	24	12.81	3.52	18.09
再生层	7	26	9.60	2.25	12.98

表 7－28 再生层试验段取芯检测结果（龄期：3 天）

桩号	位置	设计厚度/mm	芯样高度/mm	芯样完整性	备注
K19＋030	右距中 3.3 m	100		芯样松散	图(1)
K19＋050	右距中 5.5 m	100	100.4	底部松散 2 cm,切面粗糙	图(2)
K19＋100	右距中 2.4 m	100	101.8	芯样较完整,切面粗糙	图(3)
K19＋145	右距中 4.9 m	100	103.8	芯样较完整,切面粗糙	图(4)
K19＋150	右距中 4.9 m	100		芯样松散	图(5)

图(1)

图(2)

图(3)

图(4)　　图(5)

表 7－29 再生层试验段取芯检测结果（龄期：7 天）

桩号	位置	设计厚度/mm	芯样高度/mm	芯样完整性	备注
K19＋050	右距中 1.7 m	100	104.5	芯样完整,切面较光滑	图(1)
K19＋120	右距中 1.8 m	100	101.8	芯样完整,切面较粗糙	图(2)
K19＋140	右距中 4.9 m	100	103.3	芯样完整,切面较光滑	图(3)

续表 7-29

桩号	位置	设计厚度/mm	芯样高度/mm	芯样完整性	备注
K19+170	右距中 3.8 m	100	103.8	芯样完整,切面较光滑	图(4)

图(1) 　　　　　图(2) 　　　　　图(3) 　　　　　图(4)

7.2.6　效益评估

1) 经济效益

对于多雨重载公路,传统的大修方案一般为将原沥青路面进行铣刨,将较薄的原路面结构层改为 4 cmAC-13＋5 cmAC-16＋6 cmAC-20 的三层沥青面层结构;同时由于沥青混凝土高温稳定性较泡沫沥青厂拌冷再生混合料差,为防止重载公路发生车辙病害,需添加相应的抗车辙剂。因此,为探究泡沫沥青厂拌冷再生技术在大修工程中应用的经济效益,本书结合工程实际造价成本和同时期类似工程造价成本,将传统沥青路面大修方案与泡沫沥青厂拌冷再生方案的每千米造价进行对比,具体数据如表 7-30 所示。

表 7-30　造价比较表

传统沥青路面大修方案		泡沫沥青厂拌冷再生方案	
项目	费用/(元/m²)	项目	费用/(元/m²)
4 cmAC-13	38.4	4 cmAC-13	38.4
5 cmAC-16	41.6	6 cmAC-20	45.6
6 cmAC-20	45.6	10 cm 冷再生层	42.0
抗车辙剂	32.9	—	—
沥青下封层	6.0	沥青下封层	6.0
铣刨费用	8.0	铣刨费用	8.0
RAP 运输与处置	9.2	场地	2.0
合计	181.7	合计	142

由表 7-30 可知,传统沥青路面大修方案与泡沫沥青厂拌冷再生方案比较,泡沫沥青厂拌冷再生方案每千米可节省金额:(181.7－142)×1 000×14＝555 800(元),节约幅度为

21.8%。因此,针对多雨重载公路下面层,对泡沫沥青厂拌冷再生混合料配合比进行针对性设计,使其满足路用性能要求,可大幅度降低工程成本,具有较高的经济效益。

2)社会效益

泡沫沥青厂拌冷再生技术应用于沥青路面大修工程,其充分利用 RAP 材料,解决了 RAP 材料运输和堆放问题,减少了资源的耗费和环境的污染,是典型的节能环保新技术,符合我国保护环境绿色发展的理念,具有重要的社会意义。结合本项目工程,采用泡沫沥青厂拌冷再生技术再生下面层,充分利用 RAP,减少了新料的开采和运输,减少了对废弃 RAP 的处理,有效节约了资源;同时,冷再生拌和场就近设置在工程路段附近,极大地减少了交通运输距离,减少了运输过程的能耗和空气污染;冷再生技术只需对沥青进行加热,相比于普通沥青路面,减少了对集料和机械设备的加热,降低耗能的同时,有利于工作人员操作,既减少了有害气体的产生,又降低了对环境的污染。

为定量评价泡沫沥青厂拌冷再生技术处理沥青路面大修工程的社会效益,本书参考欧洲沥青协会和中国 LCA 基础数据库 CLCD 中的数据,对不同工艺的路面施工能耗进行整理,如表 7-31 和表 7-32 所示,并对不同施工技术对环境的影响进行分析。

表 7-31 沥青面层施工能耗

施工过程		能耗及温室气体	典型沥青路面类型		
			AC-13	AC-20	AC-16
原材料生产	沥青	二氧化碳当量/(kg/t)	15.98	14.81	15.28
		能耗/(MJ/t)	267.53	247.90	259.31
	集料	二氧化碳当量/(kg/t)	2.30	2.30	2.30
		能耗/(MJ/t)	30.24	30.35	30.29
	抗车辙剂	二氧化碳当量/(kg/t)	4.41		
		能耗/(MJ/t)	91.32		
原材料运输(50 km)		二氧化碳当量/(kg/t)	3.73		
		能耗/(MJ/t)	40.19		
混合料拌和		二氧化碳当量/(kg/t)	27.82	27.82	27.82
		能耗/(MJ/t)	335.00	335.00	335.00
混合料运输(20 km)		二氧化碳当量/(kg/t)	1.49		
		能耗/(MJ/t)	16.07		
路面施工	摊铺	二氧化碳当量/(kg/t)	0.99	0.67	0.86
		能耗/(MJ/t)	13.23	8.82	11.35
	碾压	二氧化碳当量/(kg/t)	0.97	0.92	0.95
		能耗/(MJ/t)	13.22	12.47	12.94

续表 7-31

施工过程		能耗及温室气体	典型沥青路面类型		
			AC-13	AC-20	AC-16
合计	不含抗车辙剂	二氧化碳当量/(kg/t)	53.29	51.75	52.44
		能耗/(MJ/t)	715.49	690.81	704.80
	含抗车辙剂	二氧化碳当量/(kg/t)	57.69	56.15	56.84
		能耗/(MJ/t)	806.80	782.12	796.11

表 7-32 泡沫沥青面层厂拌冷再生技术施工能耗

施工过程		能耗/(MJ/t)	二氧化碳当量/(kg/t)
原材料生产	泡沫沥青	64.21	4.41
	面层铣刨料	2.50	0.37
	碎石	2.73	0.23
	石屑	3.81	0.27
	水泥	51.51	13.52
原材料运输(50 km)		5.74	0.53
厂拌冷再生混合料拌和		9.09	0.68
混合料运输(5 km)		4.01	0.37
摊铺		7.35	0.56
碾压		10.38	0.76
铣刨		24.68	1.83
合计		186.01	23.53

根据表 7-31 和表 7-32，同时结合沥青混凝土密度一般为 2.5～2.7 t/m³，泡沫沥青厂拌冷再生混合料密度为 2.1～2.2 t/m³ 可知，计算单位面积内采用泡沫沥青厂拌冷再生技术可节约的耗能为：

$(715.49 \times 2.6 \times 0.04 + 704.80 \times 2.6 \times 0.05 + 782.12 \times 2.6 \times 0.06) - (715.49 \times 2.6 \times 0.04 + 690.81 \times 2.6 \times 0.06 + 186.01 \times 2.15 \times 0.10) \approx 288.05 - 222.17 \approx 65.88 (MJ)$

单位面积内减少的二氧化碳排放为：

$(53.29 \times 2.6 \times 0.04 + 52.44 \times 2.6 \times 0.05 + 56.15 \times 2.6 \times 0.06) - (53.29 \times 2.6 \times 0.04 + 51.75 \times 2.6 \times 0.06 + 23.53 \times 2.15 \times 0.10) \approx 21.12 - 18.67 \approx 2.45 (kg)$

因此，结合上述计算结果，采用泡沫沥青厂拌冷再生技术对沥青路面进行大修，单位面积内可减少耗能 22.87%，减少二氧化碳排放量 11.58%，减少耗能和二氧化碳排放效果明显。

7.2.7 工程应用总结

通过泡沫沥青厂拌冷再生工艺在多雨重载公路 S101 省道（合相路）的应用，在施工工艺、质量检测和效益评估等方面得出以下几点主要结论：

(1) 泡沫沥青厂拌冷再生工艺满足了目前公路大中修的需求，在下承层病害处理、路面标高控制等方面具有一定的优势。

(2) 通过对厂拌冷再生混合料物理力学性能和再生层施工质量的检测，厂拌冷再生混合料各性能指标均满足设计和规范对重载公路下面层混合料的性能要求。

(3) 从经济效益、社会效益对传统沥青路面大修工艺和泡沫沥青厂拌冷再生工艺进行比较，泡沫沥青厂拌冷再生工艺降低了约 21.8% 的工程造价，同时减少耗能约 22.87%，减少二氧化碳排放量约 11.58%，有效节约了工程成本，提高了对环境的保护。

7.3 施工常见问题及处理措施

7.3.1 铺筑试验路的必要性

正式大规模施工之前应该进行试验段施工，以调整施工配合比，使之更加符合施工条件。通过试验段施工确定如下一些相关条件及参数，为正式施工提供有价值的指导。

(1) 一般再生机的宽度都小于行车道的宽度。通过试验段施工，可确定出再生层全幅施工需要再生作业的次数及相邻作业面间的重叠宽度。一般为覆盖三分之一的面积。

(2) 再生机行走速度对再生混合料的强度形成有较大影响。试验段施工时进行相应调整和分析，最终确定合理的再生机行走速度，使得再生料的强度能够最大限度地得到保证。

(3) 通过试验段施工确定再生料的现场含水量和最佳含水量，从而确定施工所需添加的含水量大小。

(4) 通过试验段施工，检验再生料的组成及再生混合料的性能等能否达到设计的要求。如不满足设计要求，则需对相关条件及参数进行一定调整。

(5) 再生结构层压实后的密实程度是影响其最终性能的最关键因素。压实不足的再生层结构承载力差，易出现早期车辙，且透水性增大。因此，试验段施工中通过测试分析结构层密实度的大小来比选确定合适的压实设备和压实工艺，使再生结构层获得最理想的密实程度，以优化其使用性能。

(6) 旧沥青路面因受荷载作用通常空隙率相对较低，用泡沫沥青再生技术处理后往往体积增加，即具有一定的膨胀性，因此会影响再生结构层完工后的标高。由试验段施工可基本了解再生料的膨胀性大小，从而对再生结构层的标高进行有效控制。泡沫沥青冷再生施工时应严格执行工程建设相关规范、技术标准，对泡沫沥青冷再生材料的性能等进行跟踪监督管理;对工程所有材料、成品、半成品进行抽检试验,尤其是沥青、水泥等重要原材料;每周定期召开工程例会,分析工程质量情况,督促施工、监理单位完善质量保证体系。

通过试验段施工,对泡沫沥青冷再生材料进行检测,若材料的性能要求能够完全满足设计要求,且养生3天后进行钻芯取样,芯样成型情况也比较理想,此时则可以确定最终的施工配合比以用于全线道路的铺设。

7.3.2 铣刨机速度的控制

集料级配是决定混合料路用性能的重要因素,而再生材料的原材料主要来自旧路面材料,而旧路面材料是通过专用的铣刨机从旧路铣刨而来的。因此控制铣刨机的铣刨方案是控制材料级配的重要因素,其中控制铣刨机的速度是获取理想再生材料的首要控制策略。在旧路面全面铣刨前,选择了4种不同的铣刨速度进行试验,并通过对不同铣刨材料进行筛分,来选择适宜的铣刨速度。不同铣刨速度的筛分结果如表7-33所示,级配曲线如图7-15所示。

表7-33 每档筛孔通过百分率

		筛孔尺寸/mm											
		0.075	0.15	0.3	0.6	1.18	2.36	4.75	9.5	13.2	16	19	26.5	31.5
每档筛孔通过百分率/%	10 m/min	0.28	0.67	1.32	2.25	3.38	10.60	20.39	45.19	65.93	78.90	85.47	98.17	100.00
	8 m/min	0.53	1.46	3.14	5.70	8.70	21.12	32.31	54.19	67.85	78.40	84.11	91.82	96.38
	6 m/min	0.40	1.22	2.95	5.77	9.12	24.21	38.18	65.05	78.39	83.84	88.11	97.42	100.00
	4 m/min	0.40	0.97	2.22	4.92	8.61	25.24	43.02	69.90	80.21	88.09	91.76	98.83	100.00

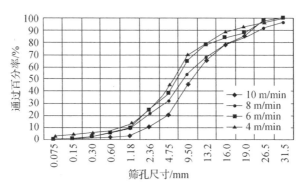

图7-15 不同铣刨速度下铣刨料的级配曲线

通过级配曲线的对比可以看出,各档铣刨速度下的铣刨料的级配存在一定差别。特别是铣刨速度超过10 m/min时,铣刨料的级配会明显偏粗,表现为4.75 mm以下材料通过率偏低,而且通过表7-33还可以看到,当铣刨机速度很快(10 m/min)时,粗集料较多,还容易产生"超粒径材料",这些巨粒不能被铣刨机彻底破碎,将这些材料用于再生,会给再生材料的性能带来不利影响。而处于 6 m/min 和 8 m/min 时的铣刨速度,铣刨材料的级配差异性不大,材料的级配比较稳定。因此最终要求铣刨速度控制在 6~8 m/min。

7.3.3 铣刨材料的选择

由于起初的路面铣刨为一次性铣刨,材料中含有大量的二灰材料,依据试验段取芯情况来看,芯样虽然能够成型,但是表面不够密实,一些细小的颗粒容易脱落。对室内泡沫沥青稳定沥青铣刨料和新骨料进行对比研究,结果发现对于相近级配的集料,沥青铣刨料具有较好的拌和与压实效果,泡沫沥青稳定沥青铣刨料的强度和水稳性均好于泡沫沥青稳定砂石材料。因此,通过工地会议研究,决定将路面分两次进行铣刨,第一次铣刨 15 cm,包括整个沥青面层和部分基层,然后再铣刨二灰基层至设计标高,将 15 cm 的铣刨料进行再生,而将第二次铣刨的二灰层材料舍弃不予使用,这样就保证了沥青面层的充分利用。根据随后再生层的取芯及材料的性能检测效果来看,这一措施大大改善了材料的成型效果和整体材料性能,前后取芯对比的照片如图 7-16 和图 7-17 所示。

图 7-16 添加较多二灰材料的芯样　　　图 7-17 添加较少二灰材料的芯样

7.3.4 泡沫沥青冷再生层下承层的病害处理方法

一些公路基层采用二灰稳定碎石材料,导致整个基层产生较多的裂缝。由于铣刨的深度有限,剩下的基层仍存在大量的裂缝,如不进行处理,这些裂缝在行车荷载的作用下,也会慢慢反射到路表面。此外,泡沫沥青冷再生层属于柔性结构,其下承层需要足够的支撑强度,以保证其层底不会产生较大的弯拉应力,因此需要对其下承层强度不足的区域进行加固处理。

例如,某公路沥青面层铣刨后病害处理方法如下:
(1) 裂缝长度超过 4.5 m,需铺设聚酯玻纤网。
施工方法:先喷洒乳化沥青,再铺设 1 m 宽聚酯玻纤网,长度与缝同长。

(2) 横向裂缝长度不超过 4.5 m,但缝宽大于 4 mm,也需铺设聚酯玻纤网。

(3) 弯沉单点值大于 80 的需要处理。

处理方法:铣刨长度为 10 m(前后各 5 m),深度在已铣刨面的基础上再向下铣刨 20 cm,宽度为整车道。

(4) 网裂严重段(面积大于 4 m² 或裂缝宽度超过 4 mm 或裂缝条数大于 5 条、弯沉单点值大于 70)的处理。

处理方法:网裂长度每端再增加 2 m,但最小长度不得小于 10 m。

(5) 补丁的处理。

① 如补丁完整,纵向加聚酯玻纤网,前后两端各增加 2 m、同宽;

② 如补丁已破碎,处理方法同(4)。

(6) 网裂不严重段的处理。

处理方法同(5)①。

(7) 铣刨后如基层只剩很薄部分,必须人工铲除,直至铲不动为止,按实计量,人工铲除部分不另计价。

(8) 采用水泥稳定碎石处理填料,新老缝交界处加铺 1 m 宽聚酯玻纤网。

7.3.5 拌和阶段的关键技术

1) 生产率不易过高

由于拌和设备储料仓的容量有限,加之装载机的装载速度所限,因此容易导致铣刨料供应不足,从而会使得铣刨料和添加材料的比例不对(铣刨料用量偏少)。根据实际拌和情况,将厂拌设备的生产率调整为 130~160 t/h。

2) 成品料装载卡车的程序

由于成品料是通过输料皮带运送至卡车上,因此成品料的细集料容易黏附在皮带上,同时料在离开输料皮带时,粗集料惯性大,从而使得粗集料抛出较远,这样造成在卡车的料仓一端粗集料相对集中,而另一端细料相对集中,最终导致摊铺机两个搅龙之间产生离析。发现此问题后,将成品料首先输送到地面上,然后使用装载机进行简单翻拌后再装载到卡车上。实践证明这一方法可以解决材料的离析问题。

3) 水泥料仓应当足够大

目前采用的 10 t 左右的水泥料罐有些偏小,造成连续生产时需要频繁添加水泥,影响了施工效率。

4) 沥青供应

沥青加热温度要保证,沥青罐车容量也要足够大,否则频繁更换和等待沥青罐车会严重影响生产效率。

7.3.6 摊铺压实阶段的关键技术

(1) 根据摊铺现场的经验,确定泡沫沥青冷再生材料的松铺系数为1.34。

(2) 根据压实度检测和取芯结果,可以认为采取双钢轮静压1遍,强振2遍,弱振2遍,最后胶轮搓揉碾压4遍的压实次数和碾压工艺达到了非常好的压实效果。

(3) 根据现场施工的情况,应当提示工人将摊铺机前面卡车卸料时洒落的材料(特别是已经风干、粗集料相对集中的情形)清除出路面,而不应将这些材料不做任何处理留在再生层的底部。

(4) 胶轮压路机在进行终压前应向再生层表面洒少量的水,但是洒水量应严格控制,只需将表面湿润即可。

7.3.7 冷再生层的成型关键技术

图7-18展示了泡沫沥青冷再生层开放交通的情形。泡沫沥青冷再生混合料的成型效果一直是业主、监理与施工单位关注的焦点。本工程在实施过程中,也一直存在何时进行取芯、取芯后芯样的评价等问题。图7-19展示了泡沫沥青冷再生层的取芯情况。

取芯的时间实际上与冷再生层的含水量有非常重要的关系。如果冷再生层中仍有大量的水分没有蒸发,那么冷再生材料的强度就会偏低,以致芯样无法取出。由于前期施工过程中台风频繁,雨水不断,冷再生层频繁遭受雨水侵袭,造成内部水分难以蒸发,强度增长缓慢,因此需要等待天气晴朗后,再生层内部水分蒸发后,再进行取芯。根据现场取芯的经验,一般要等到泡沫沥青冷再生层含水量低于3%时,对冷再生层进行取芯才可以获得理想的效果。

当地的施工温度是影响再生层取芯时间的另一重要因素。如果施工温度高,泡沫沥青容易分散到混合材料中,而且在压实过程中,老化的沥青容易激活,从而能够发挥部分黏结作用,因此冷再生层成型时间短,可以完整取出芯样的时间就快。在施工过程中,在烈日炎炎、气温较高情况下,摊铺压实的路段其取芯时间要比温度偏低的路段短。

图7-18 泡沫沥青冷再生层开放交通的情形

图7-19 泡沫沥青冷再生层的取芯情况

再生材料的级配变化也是影响冷再生层取芯效果的因素。在工程施工过程中,细料的料源非常紧张,有时需要变更料场。虽然细料的级配及混合料的合成级配满足要求,但是细料的级配偏粗,会使得混合料的级配,尤其是 0.075 mm 以下含量偏低,这样会使得泡沫沥青在混合料中的分散受到影响,从而使得再生层的芯样不够光滑、致密。

压实工艺对冷再生层芯样也有十分关键的影响,尤其是对于厚的再生层。冷再生混合料的成型很大程度上依赖外力的作用,特别是冷再生层的底部往往是最为薄弱的地方,如果要完整取出再生层的芯样,那么再生层底部的充分压实就显得十分重要。因此,对于此工程 18 cm 的泡沫沥青冷再生层,必须采用高幅低频的压实,而且压实的遍数必须加以保证,以使得冷再生层底部得到充分的压实。

7.4 检测内容及技术要求

公路路面各结构层的材料一般抗压强度高而抗拉强度弱,控制路面材料极限破坏状态的通常为抗拉强度,尤其是对于泡沫沥青冷再生材料,其通常用于路面的基层或下面层,其破坏往往是由于再生层底部抗拉强度(或黏结强度)不足而开裂。沥青混合料和各种半刚性基层材料的劈裂强度与弯拉强度具有一定的相关关系,而劈裂试验比梁的弯拉试验简单方便,且更接近路面结构受力状态,考虑到泡沫沥青作为柔性材料,其力学性能与沥青混合料有一定的相似性,因此国内外目前普遍使用基于马歇尔试件的劈裂强度作为关键力学性能控制指标。

国内外沥青材料普遍使用马歇尔稳定度和流值作为力学性能指标,而且这方面的研究及应用经验成熟,为了与热拌沥青材料的马歇尔指标相对照,应当将其作为泡沫沥青冷再生混合料的性能检验指标。同时,基于应用过程中,泡沫沥青冷再生层作为承重层,还要满足一定的结构承载强度,因此需要考虑泡沫沥青冷再生材料的抗压强度要求。此外,由于泡沫沥青冷再生层通常会起到沥青路面下面层的功能,一些应用项目还会考虑泡沫沥青冷再生层的抗车辙性能,因此需要检验材料的动稳定度指标。

参考文献

耿九光,2009.沥青老化机理及再生技术研究[D].西安:长安大学.

胡宗文,2012.冷再生沥青路面材料性能及结构组合研究[D].西安:长安大学.

黄维蓉,任海生,2018.沥青发泡机理及发泡效果评价指标研究[J].重庆交通大学学报(自然科学版),37(6):36-41.

李俊晓,2012.泡沫沥青的制备及其冷再生混合料的性能研究[D].武汉:武汉理工大学.

栗关裔,2008.泡沫沥青冷再生技术的应用研究[D].上海:同济大学.

刘玉国,2015.泡沫沥青及其冷再生混合料路用性能研究[D].西安:长安大学.

拾方治,2006.沥青路面泡沫沥青再生基层的研究[D].上海:同济大学.

王真,2008.泡沫沥青冷再生材料的性能研究与应用[D].南京:东南大学.

邢傲雪,2010.乳化(泡沫)沥青冷再生混合料技术性能深入研究[D].西安:长安大学.

徐金枝,2007.泡沫沥青及泡沫沥青冷再生混合料技术性能研究[D].西安:长安大学.

姚柒忠,2018.泡沫沥青再生混合料强度形成结构的微观研究及性能分析[D].哈尔滨:哈尔滨工业大学.

叶奋,黄彭,2005.强紫外线辐射对沥青路用性能的影响[J].同济大学学报(自然科学版),33(7):909-913.

尹腾,2020.可储存式发泡沥青与温拌混合料性能研究[D].南京:东南大学.

于泳潭,2018.基于水稳拌和站的泡沫沥青冷再生技术研究[D].广州:华南理工大学.

中华人民共和国交通运输部,2019.公路沥青路面再生技术规范:JTG/T 5521—2019[S].北京:人民交通出版社.

AASHTO,2018a. Standard specification for determination of optimum asphalt content of cold recycled mixture with foamed asphalt:AASHTO PP94[S]. American Association of State Highway and Transportation Officials.

AASHTO,2018b. Standard specification for mix design of cold recycled mixture with foamed asphalt:AASHTO MP38[S]. American Association of State Highway and Transportation Officials.

Abiodun S,2014. Cold in-place recycling with expanded asphalt mix[D]. Kingston:Queen's University.

Al-Busaltan S,Al Nageim H,Atherton W,et al,2012. Mechanical Properties of an Upgrading Cold Mix Asphalt Using Waste Materials[J]. Journal of Materials in Civil Engineering,24(12):1484-1491.

Al Nageim H, Al-Busaltan S F, Atherton W, et al,2012. A comparative study for improving the mechanical properties of cold bituminous emulsion mixtures with cement and waste materials[J]. Construction and Building Materials,36:743-748.

Asphalt Academy, 2009. A guideline for the design and construction of bitumen emulsion and foamed bitumen stabilised materials[R]. Pretoria: Asphalt Academy.

Asphalt Recycling and Reclaiming Association (ARRA), 2017. ARRA CR202: Recommended mix design guidelines for cold recycling using foamed (expanded) asphaltrecycling agent[R]. Glen Ellyn: Asphalt Recycling and Reclaiming Association.

Asphalt Recycling and Reclaiming Association (ARRA), 2015. Basic asphalt recycling manual[M]. Washington, D. C.: Federal Highway Administration.

Austroads, 2019. Guide to pavement technology Part 4D: Stabilised materials[R]. Sydney: Austroads.

Baumgardner G, 2006. Asphalt Emulsions Manufactures Today and Tomorrow[C]. Washington, D. C.: Transportation Research Board.

Brennen M, Tia M, Altschaeffl A G, et al, 1983. Laboratory investigation of the use of foamed asphalt for recycled bituminous pavements[J]. Transportation Research Record, (911): 80-87.

Cardone F, Grilli A, Bocci M, et al, 2015. Curing and temperature sensitivity of cement-bitumen treated materials[J]. International Journal of Pavement Engineering, 16(10): 868-880.

Cheng L, 2013. Developing evaluation method of moisture susceptibility for cold mix asphalt[D]. Madison: University of Wisconsin-Madison.

Cox B C, Howard I L, 2016. Cold in-place recycling characterization for single-component or multiple-component binder systems[J]. Journal of Materials in Civil Engineering, 28(11): 04016118.

Cross S A, 2003. Determination of superpave® gyratory compactor design compactive effort for cold in-place recycled mixtures[J]. Transportation Research Record Journal of the Transportation Research Board, 1819 (1): 152-160.

Cross S A, Young D A, 1997. Evaluation of type c fly ash in cold in-place recycling[J]. Transportation Research Record Journal of the Transportation Research Board, 1583(1): 82-90.

Csanyi L H, 1957. Foamed asphalt in bituminous paving mixtures[J]. Highway Research Board Bulletin, (160): 108-122.

Diefenderfer B K, Apeagyei A K, Gallo A, et al, 2012. In-place pavement recycling on I-81 in Virginia [J]. Transportation Research Record: Journal of the Transportation Research Board, 2306(1): 21-27.

Diefenderfer B K, Bowers B F, Schwartz C W, et al, 2016. Dynamic modulus of recycled pavement mixtures[J]. Transportation Research Record: Journal of the Transportation Research Board, 2575(1): 19-26.

Eller A J, Olson R, 2009. Recycled pavements using foamed asphalt in minnesota[R]. St. Paul: Minnesota Department of Transportation.

Euch K S E, Euch B S, Loulizi S E, et al, 2015. Laboratory investigation of cement-treated reclaimed asphalt pavement material[J]. Journal of Materials in Civil Engineering, 27(6): 04014192.

Fang X, 2016. A fundamental research on cold mix asphalt modified with cementitious materials[D]. Zurich: ETH Zurich.

Fang X, Garcia A, Winnefeld F, et al, 2014. Impact of rapid-hardening cements on mechanical properties of cement bitumen emulsion asphalt[J]. Materials and Structures, 49(1/2): 487-496.

Gschösser F, 2011. Environmental assessment of road constructions: Life cycle assessment of swiss road pavements and an accompanying analysis of construction and maintenance costs[D]. Zurich: ETH Zurich.

Guatimosim F V, Vasconcelos K L, Bernucci L L, et al, 2018. Laboratory and field evaluation of cold recycling mixture with foamed asphalt[J]. Road Materials and Pavement Design, 19(2): 385-399.

Hailesilassie B W, Hugener M, Bieder A, et al, 2016. New experimental methods for characterizing formation and decay of foam bitumen[J]. Mater Struct, 49: 2439-2454.

He G P, Wong W G, 2006. Decay properties of the foamed bitumens[J]. Construction and Building Materials, 20(10): 866-877.

Huang Y, Bird R N, Heidrich O, 2007. A review of the use of recycled solid waste materials in asphalt pavements[J]. Resources Conservation and Recycling, 52(1): 58-73.

Iowa Department of Transportation, 2006. Developmental specifications for cold in-place recycled asphalt pavement[S]. Ames: Iowa Department of Transportation.

Iwański M, Chomicz-Kowalska A, 2013. Laboratory study on mechanical parameters of foamed bitumen mixtures in the cold recycling technology, procedia engineering[C]. Vilnius: Vilnius Gediminas Technical University.

Iwański M, Mazurek G, Buczyński P, 2018. Bitumen foaming optimisation process on the Basis of rheological properties[J]. Materials, 11(10): 1854.

Jenkins K J, 2000. Mix design considerations for cold and half-warm bituminous mixes with emphasis on foamed bitumen[D]. Stellenbosch: University of Stellenbosch.

Jenkins K J, Collings D C, Long F M, et al, 2002. Interim technical guideline: The design and use of foamed bitumen treated materials[R]. Pretoria: Asphalt Academy.

Jenkins K J, Long F M, Ebels L J, 2007. Foamed bitumen mixes=shear performance?[J]. International Journal of Pavement Engineering, 8(2): 85-98.

Khosravifar S, Schwartz C W, Goulias D G, 2015. Mechanistic structural properties of foamed asphalt stabilised base materials[J]. International Journal of Pavement Engineering, 16(1): 27-38.

Kim Y, Im S, Lee H D, 2011. Impacts of curing time and moisture content on engineering properties of Ccold In-place recycling mixtures using foamed or emulsified asphalt[J]. Journal of Materials in Civil Engineering, 23(5): 542-553.

Kim Y, Lee H D, 2006. Development of mix design procedure for cold in-place recycling with foamed asphalt[J]. Journal of Materials in Civil Engineering, 18(1): 116-124.

Kim Y, Lee H D, Heitzman M, 2007. Validation of new mix design procedure for cold in-place recycling with foamed asphalt[J]. Journal of Materials in Civil Engineering, 19(11): 1000-1010.

Kuna K, Airey G, Thom N, 2014. Laboratory mix design procedure for foamed bitumen mixtures[J]. Transportation Research Record Journal of the Transportation Research Board, 2444(1): 1-10.

Lee H D, Kim Y, 2003. Development of a mix design process for cold-in-place rehabilitation using foamed asphalt[R]. Iowa City: The University of Iowa.

Lee H D, Kim Y, 2007. Manual of laboratory mix design procedure for cold in-place recycling using foamed asphalt[R]. Iowa City: The University of Iowa.

Loizos A, 2007. In-situ characterization of foamed bitumen treated layer mixes for heavy-duty pavements[J]. International Journal of Pavement Engineering, 8(2): 123-135.

Long F M, Ventura D F C, 2003. Laboratory testing for the HVS sections on the N7[R]. Pretoria: Council for Scientific and Industrial Research.

Ma B G, Wang H F, Wei D B, 2011. Performance of RAP in the system of cold in-place recycling of asphalt pavement[J]. Journal of Wuhan University of Technology-Mater Sci. Ed., 26(6): 1211-1214.

Ma W Y, 2018. Design and characterization of cold recycled foamed asphalt mixtures with high RAP contents[D]. Auburn : Auburn University.

Maccarrone S, Holleran G, Ky A, 1994. Cold asphalt systems as an alternative to hot mix[C]. Port Melbourne: Australian Asphalt Pavement Association.

Martinez-Arguelles G, Giustozzi F, Crispino M, et al, 2014. Investigating physical and rheological properties of foamed bitumen[J]. Construction and Building Materials, 72: 423-433.

Milton L J, Earland M G, 1999. Design guide and specification for structural maintenance of highway pavements by cold in-situ recycling (TRL Report TRL 386)[R]. Crowthorne: Transport Research Laboratory.

Muthen K M, 1999. Foamed asphalt mixes: Mix design procedure[R]. Pretoria: Council for Scientific and Industrial Research.

Namutebi M, Birgisson B, Bagampadde U, 2011. Foaming effects on binder chemistry and aggregate coatability using foamed bitumen[J]. Road Materials and Pavement Design, 12(4): 821-847.

Nosetti A, Pérez-Jiménez F, Martínez A, et al, 2016. Effect of hydrated lime and cement on moisture damage of recycled mixtures with foamed bitumen and emulsion[C]. Washington, D. C.: Transportation Research Board.

Perraton D, Tebaldi G, Dave E, et al, 2016. Tests campaign analysis to evaluate the capability of fragmentation test to characterize recycled asphalt pavement (RAP) material[C]. Dordrecht: Springer.

Ramanujam J, Jones J, Janosevic M, 2009. Design, construction and performance of insitu foamed bitumen stabilized pavements[J]. Queensland Roads, (7): 56-69.

Read J, Whiteoak D, 2003. The Shell Bitumen Handbook[M]. 5th ed. London: ICE Publishing.

Roberts F L, Engelbrecht J C, Kennedy T W, 1984. Evaluation of recycled mixtures using foamed asphalt[J]. Transportation Research Record Journal of the Transportation Research Board, 968(1): 78-85.

Ruckel P J, Acott S M, Bowering R H, 1983. Foamed-asphalt paving mixtures: Preparation of design mixes and treatment of test specimens[J]. Transportation Research Record Journal of the Transportation Research Board, , 911(1): 88-95.

Saleh M F, 2004. New Zealand experience with foam bitumen stabilization[J]. Transportation Research Record: Journal of the Transportation Research Record Board, 1868(1): 40-49.

Saleh M F, 2006. Effect of aggregate gradation, mineral fillers, bitumen grade, and source on mechanical properties of foamed bitumen-stabilized mixes[J]. Transportation Research Record: Journal of the Transportation Research Record Board,1952(1):90-100.

Saleh M F,2007. Effect of rheology on the bitumen foamability and mechanical properties of foam bitumen stabilisedmixes[J]. International Journal of Pavement Engineering,8(2):99-110.

Schwartz C W, Khosravifar S, 2013. Design and evaluation of foamed asphalt base materials[R]. Baltimore:Maryland State Highway Administration.

Stroup-Gardiner M,2011. Recycling and reclamation of asphalt pavements using in-place methods[R]. Washington,D. C.:Transportation Research Board.

Stroup-Gardiner M, Wattenberg-Komas T, 2013. Recycled materials and byproducts in highway applications, Volum 6:Reclaimed asphalt poavement, recycled concrete aggregate, and construction demolition waste[J]. Nchrp Synthesis of Highway Practice,6.

Sunarjono S,2008. The influence of foamed bitumen characteristics on cold-mix asphalt properties[D]. Nottingham:The University of Nottingham.

Thanaya I N A,Zoorob S E,Forth J P,2009. A laboratory study on cold-mix, cold-lay emulsion mixtures [J]. Proceedings of the Institution of Civil Engineers:Transport,162(1):47-55.

Timm D H,Sánchez M D,Diefenderfer B K,2015. Field performance and structural characterization of full-scale cold central plant recycled pavements[C]. Washington,D. C.:Transportation Research Board.

Wegman D E,Sabouri M,2016. Optimizing cold in-place recycling (CIR) applications through fracture energy performance testing[R]. St. Paul:Minnesota Department of Transportation.

West R C,2015. Best practices for RAP and RAS management[R]. Lanham:National Asphalt Pavement Association.

Wirtgen GmbH,2012. Wirtgen cold recycling technology[R]. Windhagen.

Wirtgen GmbH,2019. Foamed bitumen[R]. Windhagen.